다시, 길을 걷다

다시, 길을 걷다

참좋은문학회

■ 책을 내며

탐구하는 창작자가 되기 위하여

　무심히 눈길 준 텃밭의 열매들이 수확을 재촉합니다. 한여름 동안 기세등등했던 무더위도 한 발짝 물러났고, 가을이 우리 앞에 다가왔습니다.
　어느 햇볕 좋았던 날 오후, 수업을 끝내고 우르르 달려가 '참좋은문학회'라는 이름을 정하고, 회칙을 정했던 일이 어느새 8년이 되었습니다. 무더울 때나 추울 때나, 감염병이 유행할 때나 우리는 꿋꿋이 모여 공부했고 합평회를 가졌으며, 석 달마다 정기 모임도 꾸준히 진행했습니다.
　2년마다 회원들의 글을 모아 동인지를 출간합니다. 그간 세 번의 동인지 출간이 있었고, 이번에 네 번째 동인지를 '길'이란 주제로 펴냅니다. 각자가 걸어온 길이나 걸어야 할 길, 보이는 길, 보이지 않는 길 등을 쓰면서, 우리 삶 속에는 수많은 종류의 길이 있다는 걸 알게 되었습니다. 수필가의 길에서 우리가 더 좋은 글을 쓰기 위해 끊임없이 탐구하는 창작자가 되도록 이끌어주시는 서금복 선생님께 감사드립니다.

  바쁜 일상에 쫓기면서도 무더위와 싸우며 소중한 원고를 보내주신 참좋은문학회 회원님들께 진심으로 감사드립니다. 원고 수집과 교정을 도와준 이지안 부회장과 박효숙 총무님께도 감사드립니다. 이 책으로 모두가 행복해지길 기원합니다.

2024. 10.
4대 회장 전해숙

참좋은문학회 · 제4집

| 차 례 |

책을 내며 · 탐구하는 창작자가 되기 위하여 · 전해숙 · 4

초대수필

14   서금복   어쩌구리반의 어쩌다 반장님
              오자 일당과 숨바꼭질하면서

회원수필 1

26 **김미란** 동굴
　　　　　　아일라의 울음소리

37 **김영래** 아름다운 레이스
　　　　　　홀로서기

48 **김진양** 길치의 여유
　　　　　　새로운 길에 들어서며

58 **박기수** 길에서 길을 배우다
　　　　　　웬 날벼락

회원수필 2

70 박영재   두 번째 꿈 터, 종로5가
              힘들고도 험한 길

80 박효숙   끊임없는 붓질과 세심한 관찰
              두 개의 로또

88 서정문   지도에도 없는 길
              길, 기어이 가야 했던 길

99 양은주   끼어들기
              다시, 같은 길을 가다

회원수필 3

108　**오서진**　한 뼘 사이
　　　　　　　사람과 함께 사람 속에서

118　**윤윤례**　밤길
　　　　　　　그가 택한 길

129　**이동석**　함께했기에 가능했던 길
　　　　　　　고구마 먹은 심정

137　**이종극**　길을 묻다
　　　　　　　파주 가는 길

회원수필 4

150   **이지안**   그래도 가야 할 길
              어떤 위로

160   **임순복**   처음이자 마지막 외국 여행기
              빈 들판

169   **전해숙**   진즉에 닿을 수 있었던 길
              되짚어 걸어 보는 길

179   **조혜숙**   누구나의 길
              너의 뒤에서

작가가 되면서 내가 이런 길을 걷게 될 거라는 생각은 못 했지만, 이것 또한 문학이 내게 준 선물이라는 마음으로 이번 달에도 그 개구쟁이 '오자 일당'과 숨바꼭질할 준비를 하고 있다. 잘해야 본전, 완승 없는 게임이지만 최선을 다하자며 '파이팅!'을 외친다.

초대 수필

서금복 어쩌구리 반의 어쩌다 반장님
오자 일당과 숨바꼭질하면서

어쩌구리반의 어쩌다 반장님

서금복

초대수필

　그와 나는 몇 개월 동안 매주 월요일 오후 5시 반쯤에 만났다. 1~2분 정도 차이는 있었지만, 그의 차가 우리 아파트 뒷문 쪽에 대기하고 있거나 내가 그의 차를 기다리곤 했다. 매번 누가 볼세라 내가 잽싸게 차에 오르면 그도 동네를 빠져나갈 때까지 액셀을 밟았다. 그러나 걱정했던 것과는 달리 우리를 눈여겨 본 사람은 없었던 모양이다. 3년이 지난 지금까지 우리 아파트 관리소장님과 주민인 내가 심상치 않은 관계라는 소문이 없는 걸 보면 말이다.

　코로나가 어느 정도 진정되었지만, 강사나 수강생 모두 마스크를 써야 했던 시절에 그는 나의 권유로 구리문화원에서 열리는 수필 교실 수강생이 되었다. 내가 그에게 수필 강의를 들으라고 적극 추천했던 이유는 개인적인 자문을 해주기 싫어서였다. 코로나가 한창일 때, 앞집에 사는 분이 원고 뭉치를 가져왔다. 우리 아파트 관리소장님의 원고를 나보고 봐달라고 할 때 '이렇게 하는 게 예의가 아니니 직접 나와서 강의를 들으세요.'라고 나는 다소 신경질적으로 반응했었다. 앞집 아저씨를 내세워 자기 글을 보여주는 태도가 은근히 미웠기에 수필 강의에 꼭 참여하라고 했다. 강의 시간도 직장인을 위해 저녁 6시 반이니 얼마나 좋은 조건이냐고 밀어붙였다.

그러면서도 '설마' 했는데 그는 단번에 '그러마' 했고 강의하러 가는 나를 매주 월요일마다 차에 태웠다. 그것만으로도 고마운데, 그는 뒷자리에 시원한 음료까지 준비해 놓는 센스도 있었다. 물론 나도 공짜로 타지 않으려고 애를 썼다. 그는 강의실에 도착할 때까지 평소 궁금해하던 '문학'에 대해 물었고 나는 내가 알고 있는 거면 뭐든지 말해주려고 애썼다. 하지만 시간이 흐를수록 그 찻삯이 얼마나 형편없는 것인지 깨닫게 되었다. 그의 독서량이나 문학에 대한 갈망과 진정성이 넓고 깊었다. 또한 그는 이미 여러 단체에서 글 잘 쓰는 사람으로 소문나 있었고 그 증거로 여러 공모전에서 상을 받기도 한 실력가였다. 게다가 그는 타인에 대한 배려와 겸손함도 갖고 있어서 내가 섣불리 그를 미워한 게 아닌가 하는 반성도 하게 만들었다. 심지어 나보다 연배인 그는 강의 시작과 끝에 사무실로 내려가 강의 내용을 전하고 수업 장면을 사진으로 찍어 제출해야 하는 수필반의 반장 역할도 말없이 해주었다.

그해 수업이 있었던 월요일엔 왜 그렇게 많은 비가 내렸는지…. 녹내장이 있는 소장님에겐 그런 날 운전하기 어려운 상태였을 거라는 것도 몇 개월 후 수업이 끝날 때쯤 알게 되었다.

그렇게 몇 개월을 보내고 수료식을 한 후 그를 포함한 몇 분이 계속 수업을 받았으면 해서 지금의 '어쩌구리반'이 만들어졌다. 그가 나를 만나 '어쩌다 반장'을 했고, 생각지도 못한 등단도 했다고 하기에 내가 농담 삼아 '그러면 이 반 이름을 어쩌구리반으로 하세요.'라고 했다. 모임 이름엔 장난기가 섞였지만, 이 반만큼 열심히 하는 반도 없다. 작년 한 해 동안 참석 인원 전원이 결석 없이 한 달에 두 편씩, 수필 24편을 썼다.

나는 요즘 그의 첫 수필집 원고를 보고 있다. '어쩌구리반'에서 가장 먼저 등단한 그가 수필집을 내겠다고 했을 때는 처음부터 교정을 봐 주지 않겠다고 했다. 문예지를 한 달에 한 권씩 내는 일에 참여하다 보니 늘 시간에 쫓겨 허덕거리기 일쑤였다. 그런데 쏟아지는 빗속을 뚫고 월요일마다 강의실로 데려다준 그의 성의가 자꾸 떠올라 예의상 수필집 교정본을 보기 시작했는데 페이지를 넘

길 때마다 글 읽는 재미가 붙었다.

　우선 그의 글에는 인간미가 담뿍 들어 있다. 몇십 년 금융권에 있었으면 상당히 계산적이고 냉철할 것 같은데, 그의 글에는 이웃 사랑이 넘친다. 그것도 애써 노력하거나 꾸미는 게 아니라 어린 시절 부모님의 사랑을 받고 자란 어른이 가질 수 있는 따뜻함이 자연스럽게 묘사되어 글을 읽는 마음을 순하게 만든다.
　또 하나, 그의 글을 읽다 보면 부모님께는 효자이고 형과 누나에 대한 사랑 역시 극진하다는 걸 알 수 있다. 처가 식구나 아내, 아들, 딸, 손녀에 이르기까지 그가 보는 이들은 한결같이 사랑스러우니 그것은 그의 눈길이 곱지 않고는 불가능한 거라고 짐작하게 만든다.
　불이 난 이웃집을 보살피는 배려, 오래전 본인이 선물한 액자를 간직하는 죽마고우에게 느끼는 우정 등 그의 글은 편편이 사랑이었다. 그런 데다 그의 글 곳곳에는 유머까지 담겨 있으니 그의 책 한 권을 읽는 게 지루하지 않았다.
　수필가로 들어선 지 얼마 되지 않았지만, 책 한 권을 내고도 남을 만큼 수필을 쓰고 있는 그가 문학의 길을 쉬지 않고 걷길 바란다. 지금은 다른 아파트 소장으로 가셨지만, 나는 지금도 월요일 오후 5시 반쯤이 되면 소장님과 구리시로 향하면서 차 안에서 나누었던 숱한 문학 이야기를 생각한다. 내가 먼저 걸은 문학의 길이라고 그에게 너무 겁주었던 건 아닐까, 행여 그의 자존심을 다치게 한 것은 아닐까, 문득문득 반성한다.

  다행히 그는 한 달에 두 번, 3년 전과는 반대 방향에서 달려와 '어쩌구리반' 수업을 듣는다. 직업과 나이가 각각이지만, 몇 년째 똑같은 추어탕을 먹어가며 서로의 삶을 나눈다. 그의 유머 덕분에 가끔 웃어가면서….

  얼마 후 그의 첫 수필집이 나오면 그가 문학의 길을 걷는 속도는 지금보다 빨라질 것이다. 그래도 서두르지 말고 차분한 마음으로 어쩌구리반 문우들과 손잡고 천천히, 오래 걸었으면 좋겠다.

오자 일당과 숨바꼭질하면서

나의 노래방 점수는 높지 않다. 학창 시절에 음악 시험 볼 때처럼 발음과 음정을 정확하게 하고 박자는 잘 맞춰도 강약과 꺾기 없이 노래 부른다. 게다가 노래 부르면서 '오자'에 신경 쓰니 점수가 높게 나올 리 없다.

가사 중 가장 많은 오자誤字는 '너'에 대한 것이 아닌가 싶다. 자막에 뜨는 가사 중 '네가'라고 해야 옳은데 '니가'라고 쓰여 있는 게 눈에 보이면 그때부터 노래를 부르는 둥 마는 둥 한다. '네 곁을'이 '니 곁을'로 나와도 마찬가지다. 틀린 글자를 고쳐야 하는데, 어디다 말해야 하나? '니 생각'이라고 쓰여 있어도 노래할 때는 '네 생각'으로 발음해야겠지 등, 오만가지 생각으로 노래에 신경을 못 쓴다.

그래도 노래방의 '오자'는 약과다. 어쩌다 보니 '오자'와 숨바꼭질하며 산 지도 오래되었다. '오자'는 탈자脫字, 띄어쓰기, 붙여쓰기와 합세해 문장 속으로 잘도 숨는다. 두 눈을 뜨고도 찾아내기 쉽지 않다. 1교정에서 놓친 걸 2교정에서 찾아내면 그나마 다행이다. 3교정에도 '오자' 일당은 "나 여기 있지롱!" 하며 혀를 내밀기 십상인데, 밀기는커녕 항복하고 나와 준 그들이 고맙다. 책이 나온 후 '오자' 일당이 복병처럼 툭 튀어나오면 100마리 중 99마리의 양을 몰아놓은 수고는 삽시간에 헛수고로 전락하기 때문이다.

글을 잘 쓰는 사람은 상당히 많다. 특히 수필은 자기만의 이야기로 글을 엮기에 소재가 특이할 때는 소재 덕을 본다. 그러나 아무리 좋은 소재가 있어도 기본적인 문법을 지키지 않거나 오탈자가 많으면 좋은 옷감으로 멋진 옷을 만들지 못하는 아쉬움을 갖게 한다. 자기가 쉬고 싶다고 아무데나 쉼표를 찍거나 문장을 쓰다 말고 마침표를 찍는 경우도 허다하다. 독자를 배려하지 않고 본인만 이해하면 그만이다 싶은지, 아니면 글을 쓰며 자아도취 해서 그런지 문장이 아닌 단어나 구절에 마침표를 찍는 경우도 있다. 왜 그랬냐고 하면 도치법이란다. 수필 한 편에 도치법이라는 걸 열 번 이상 쓴 글을 보면 음식을 내오기 전에 주인이 미리 가위로 잘라 놓은 국수를 보는 듯한 느낌이 든다. 칼국수든 라면이든 내 호흡으로 후룩후룩 끌어들이다가 어느 순간 끊어 먹어야 제맛 나는 게 아닐까.

좋든 싫든 한 달에 100여 편의 글을 보면서 '오자 일당'과 숨바꼭질하다 보면 때로는 창작자보다 책 만드는 기술자가 된 게 아닌가 할 때가 있다. 그래서 청탁을 받으면 시간을 쪼개서라도 글을 쓴다. 주로 지하철을 타고 출근할 때 휴대전화 메모장에 내 마음을 적어 둔다. 그 마음을 새벽에 정리해서 글 한 편을 만든 후에는 짬 나는 대로 다듬는다. 독자가 5분 이내로 읽고 말 글 한 편을 위해서, 아니 읽어만 줘도 감사해할 글 한 편을 퇴고하면서 편집실로 보내기까지 수도 없이 읽는다. 그래도 오타가 나오고 문법에 안 맞을 수도 있고 쉼표와 마침표를 잘못 쓴 경우가 있으니 글을 올바르게 쓴다는 건 어려운 일이다. 그런데 뭣 때문에 그 어려운 일을 혼자나 하지 여러 사람에게 가르치는지 모르겠다.

어느새 수필 강의를 한 지 10년이 되었다. 나는 강의할 때마다 글을 멋있게 쓰려고 하지 말고 정확하게 쓰라고 강조한다.

글을 다 쓰고 나면 〈한글 맞춤법 검색기〉에도 돌려 보라고 한다. 그렇다고 검색기에만 100% 의지하지 말라는 주의도 준다. 검색기는 글자만 보는 거지, 문맥을 보는 게 아니기 때문에 글 주인이 문법의 기본은 알고 있어야 한다.

    작은따옴표, 큰따옴표의 방향은 6(')과 9('), 66과 99다. 몇 번을 말해도 교정하다 보면 따옴표의 방향이 뒤집힌 "…"이 허다하다. 느낌표와 물음표는 또 왜 그리 많이 쓰는지…. 감동의 지수를 느낌표 숫자로 표시하려는 이도 있고, 궁금한 게 많으면 물음표를 두 개, 세 개 찍는 수강생도 있다.

    작가가 된 수강생에게는 청탁을 받으면 글 보내기 전에 원고 청탁서를 옆에 놔두고 한 줄 한 줄 지워가며 체크하라고 한다. 원고 매수는 맞췄는지…. 약력에 써달라고 한 것만 순서대로 간략하게 써야 한다고 힘주어 말한다. 이메일 주소, 전화번호, 책 받을 주소는 필요하기 때문에 써 달라고 한 건데 달랑 글만 보내는 작가도 있고, 편집이 끝났는데 그때야 원고 교체를 요구하는 분도 있다. 문예지마다 작품과 저서를 표기하는 부호도 다를 수 있으니 꼼꼼히 들여다보고 보내라는 이유는 원고를 받고 나면 많은 작가가 청탁서를 허투루 봤다는 걸 알기 때문이다.

    그러나 '동병상련'이라고, 글을 마감일 안에 쓰느라 얼마나 애썼을까 싶어서 그들을 비난하지 않는다. 자기가 쓰고도 무엇이 오자인지, 탈자가 있는 줄도 모르고 보낸 원고를 보며 '나도 그랬지.' 하는 마음으로 '오자 일당'과 열심히 숨바꼭질한다. 작가가 되면서 내가 이런 길을 걷게 될 거라는 생각은 못 했지만, 이것 또한 문학이 내게 준 선물이라는 마음으로 이번 달에도 그 개구쟁이 '오자 일당'과 숨바꼭질할 준비를 하고 있다. 잘해야 본전, 완승 없는 게임이지만 최선을 다하자며 '파이팅!'을 외친다.

서금복 urisaijo@hanmail.net
1997년 『문학공간』 수필, 2001년 『아동문학세상』 동시, 2007년 『시와 시학』 시로 등단. 수필집 『수필 쓰기에 딱 좋은 사람들』, 동시집 『상봉역에서 딱 만났다』, 시집 『세상의 모든 금복이를 위한 기도』 등. 우리나라좋은동시문학상, 한국수필문학상 등 수상. 현재 월간 《한국수필》 편집장.

갑자기 어디선가 맑고 그윽한 노랫소리가 들려온다. 저 멀리 지평선이 바라보이는 들판 위를 지하도시 사람들이 햇살을 이고 걸어간다. 사랑과 축복만이 가득한 세상을 향해서.

회원 수필 — 1 —

김미란 동굴
  아일라의 울음소리

김영래 아름다운 레이스
  홀로서기

김진양 길치의 여유
  새로운 길에 들어서며

박기수 길에서 길을 배우다
  웬 날벼락

동굴

동이 트자마자 버스는 카파도키아의 광대한 들판을 달렸다. 누런 밀밭을 지나니 기암괴석이 곳곳에 솟아오른 벌판 너머로 지평선이 끝없이 펼쳐졌다. 평원 아래의 화산암을 파서 세운 지하도시 '데린쿠유'에 도착했다.

데린쿠유는 튀르키예에서 가장 큰 지하도시로 이만 명이 넘는 사람들이 살았다. 기독교 박해를 피해 땅속으로 개미굴처럼 지하 8층까지 파 내려갔으며, 적에게 발각 시 다른 지하도시로 피신할 수 있는 터널도 9킬로미터나 이어졌다. 식당, 마구간, 교회, 교실, 포도주 제조 구역, 묘지 등 다양한 생활 시설 중 가장 신기한 것은 환기구였다. 데린쿠유는 '깊은 우물'을 뜻하며, 이 수직 통풍구가 땅속 깊이 연결되어 있어 공기와 습도를 조절한다.

겨우 한 사람이 허리를 구부리고 다닐 수 있을 정도의 낮고 비좁은 통로가 이어졌다. 지하도시를 둘러보면서 종교가 뭐기에 사람이 이런 끔찍한 곳에서 살았을까? 의문이 생겼다. 한 줄기 빛도 들어오지 않는 어두컴컴한 세상에 살면서도 신앙은 포기하지 않았던 그들의 신념에 경외감마저 들었다. 그러고 보니 내게도 기독교와의 짧은 인연이 있었다는 생각이 설핏 떠올랐다.

집에는 백과사전처럼 두툼한 양장본의 구약성서가 있었다. 교회 전도사였던 고모의 선물이었다. 천연색 그림이 가득한 성서는 아이의 상상력을 자극하기에 충분했다. 창세기 아담과 이브의 탄생, 카인과 아벨, 노아의 방주, 바벨탑, 모세의 기적, 성서의 이야기는 흥미진진한 판타지 소설 그 자체였다. 하도 많이 읽어서 나중에는 겉장이 닳아서 떨어질 정도였다. 그림 성서는 내 어린 시절을 풍성하게 해 준 보석 같은 선물이었다.

중학생일 때 언니는 대학을 졸업하고 교사가 되었다. 어느 날부터 언니는 일요일이면 교회에 갔다. 어떤 계기로 신자가 되었는지는 모른다. 언니는 내게 적극적으로 전도했다. 내 의사를 묻지도 않고 교회의 방학 연수 프로그램에 데리고 간 적도 있다. 나는 교회가 싫어 시험을 핑계로 요리조리 피하기에 바빴다. 손뼉을 치며 찬송가를 부르는 신도들의 모습이 낯설기만 했다.

언니의 기나긴 노력은 수포로 돌아갔다. 가족의 전도에 실패해서인지 서로의 거리가 조금씩 멀어지는 것 같았다. 나는 나대로 언니가 서운했다. 충효를 가르치는 도덕 선생님인 언니가 홀로 된 엄마보다 교인들과 더 가까이 지내는 것을 이해할 수 없었다. 어린 마음에 진짜 하느님이 있을까 의구심도 생겼다.

언니는 방을 얻어 독립했다. 어느 날인가 엄마가 연신 대문 쪽으로 눈길을 주고 있었다. 누구를 기다리나 했더니 언니였다. 그날은 언니의 월급날이었다. 그제야 엄마가 월급날마다 언니를 기다려온 것을 알아챘다. 환하게 웃는 얼굴로 과일 봉지를 사 들고 오면 엄마가 얼마나 좋아할까, 나는 월급날마다 매번 그런 상상을 하며 대문을 쳐다보곤 했다.

언니가 결혼했다. 형부는 같은 교회의 독실한 신자였다. 그런 이유로 나는 형부를 살갑게 대하지 않았다. 언제나 싱글벙글 웃는 얼굴의 형부는 언니보다 더 자주 집에 들렀다. 처제, 처남과 가까이 지내려고 애쓰는 모습이 어린 내 눈에도 훤히 보였다. 퇴근길에 혼자서 과자나 과일을 사 온 적도 여러 번이었다. 그런 형부의 마음을 잘 알면서도 웃는 낯으로 대한 적이 없었다.

대학입시 전날 밤이었다. 나는 긴장한 나머지 식은땀을 흘리며 잠을 설쳤다. 그때 초인종이 울렸다. 대문을 여니 형부가 숨을 헐

떡이며 서 있었다. 출장지인 충무에서 바로 오는 길이라며 도시락을 내밀었다. 충무김밥이었다.

"너무 늦어서 미안해요. 일이 늦게 끝났어요. 내일 점심은 이걸로 먹어요."

잠을 깨운 형부에게 화가 나서 고맙다는 말도 제대로 하지 않았다. 무뚝뚝한 내 태도가 형부 마음에 생채기를 냈는지 그 후로는 형부의 발길이 뜸해졌다.

내 결혼식을 앞둔 날이었다. 언니한테서 중요한 교회 일로 참석이 어려워 형부만 보낸다는 연락을 받았다. 결혼식 당일, 나는 그 바쁜 와중에도 '설마' 하며 언니를 계속 찾았다. 그러나 가족사진을 찍는 순간까지 언니는 나타나지 않았다. 그동안 쌓였던 서운함이 폭발하면서 언니에 대한 마음의 빗장을 걸어버렸다.

그리고 십여 년의 시간이 흘렀다. 엄마의 장례식이 있던 날, 언니가 말했다.

"내게 냉랭하게 대하는 이유가 도대체 뭐니? 내가 널 얼마나 예뻐했는지 너도 잘 알잖아."

삼십 대 중반이었다. 언니의 나무라는 듯한 말투에 내 표정이 절로 굳어지면서 그렇게 화해의 기회는 날아가 버렸다. '나는 맞고 너는 틀린다.'라는 어린 날 내 좁은 식견의 잣대가 어른이 되어서도 달라지지 않은 채 여전히 나만의 동굴 속에 머물렀다. 학창시절 늘 인정받는 우등생에 코스모스처럼 화사한 외모를 가진 언니가 내 롤모델이었던 만큼 실망이 컸다.

 학교에서 배운 대로 효를 강조하는 유교 사상의 가치관이 우선이었던 나는 언니의 종교 생활을 이해하지 못했다. 언니는 신앙생활을 하면서 가족의 범위를 벗어나 타인에 대한 봉사를 실천하며 살았을 것이다. 나는 치열하게 살았다고 생각하지만, 내 관심은 오로지 가족의 안녕이 우선이었다. 종교인들이 보여주는 '약자와의 동행' 같은, 이 사회를 위한 봉사활동에 내가 적극적으로 참여한 적이 있었던가.
 오십 대인 내가 그때의 언니를 본다. 올망졸망한 자식들을 남기고 아버지가 떠났을 때 언니는 고작 이십 대였다. 언니도 누군가에게 의지하고 싶었을 게다. 누군가의 든든한 품에 안겨 위안을 받고 싶었겠지. 삶이라는 긴 여정에서 누군가는 신이 필요할 수도 있다. 정년퇴직한 후 타국으로 건너간 언니는 그곳에서도 신앙생활을 이어가고 있다.
 철학자 베이컨은 인간은 누구나 자기만의 특별한 동굴에 갇혀

왜곡된 시선으로 세상을 바라보는 오류를 범한다고 말했다. 바로 '동굴의 우상'이다. 개인의 특수한 환경, 성격, 교육, 관점, 취향에 의한 편견이나 선입견이 그들만의 동굴을 만든다. 빛이 차단된 동굴 안에서는 사물의 참모습을 볼 수 없고, 자연과 세계를 올바르게 인식할 수 없다는 것이다.

신앙인들의 아픔을 고스란히 간직한 데린쿠유는 그동안 편견의 동굴 속에서 좁은 사고의 틀에 갇힌 채 기울어진 시선으로 세상을 내다보고 있던 나를 불러내었다. 자연을 자연 그대로, 사람을 사람 그대로 이해하고 받아들이기 위해서는 어두운 동굴 안을 벗어나 태양이 밝게 빛나는 바깥세상으로 나가야 한다는 것을 일깨워 주었다.

미로 같은 지하 통로를 빠져나와 지상으로 올라오니 가슴이 탁 트인다. 푸르디푸른 하늘 아래 눈 부신 햇살이 대지를 포근하게 어루만진다. 광활한 벌판의 이야기를 담은 바람 한 줄기가 얼굴을 스치고 지나간다.

갑자기 어디선가 맑고 그윽한 노랫소리가 들려온다. 저 멀리 지평선이 바라보이는 들판 위를 지하도시 사람들이 햇살을 이고 걸어간다. 사랑과 축복만이 가득한 세상을 향해서.

아일라의 울음소리

김미란

회원 수필 1

　아시아 끝에 있는 지중해의 푸른 보석, 튀르키예로 여행을 떠났다. 중부 지역의 카파도키아, 지중해 연안 도시 안탈리아, 고대 문명 도시인 에페소를 둘러본 뒤 이스탄불에 도착했다. 일정 중에 〈파노라마 1453〉역사박물관 관광이 있었다. 1453년은 천 년 역사의 동로마 제국이 오스만튀르크족에 의해 멸망한 해이다.

　박물관 안으로 들어가서 관람용 무대로 향하는 좁은 계단을 올라갔다. 관람대에 올라선 순간, 탄성이 절로 나왔다. 넓디넓게 펼쳐진 돔 스크린이 온통 전쟁 그림으로 빼곡히 덮였다. 마치 타임머신을 타고 중세의 전쟁터 한복판에 떨어진 것 같았다. 병사들이 쏜 화살이 비 오듯 쏟아지고 포탄이 터질 때마다 온몸이 움찔거렸다. 바로 눈앞에서 펼쳐지는 현란한 색채의 영상과 귀가 먹먹할 정도로 우렁찬 폭음이 관람객들을 압도했다.

　파노라마는 오스만족의 술탄이었던 메흐메트 2세가 동로마의 수도 콘스탄티노플을 정복하는 과정을 생생하게 보여주었다. 특히 산에 통나무를 깔아 무거운 함선을 육지로 옮기는 모습, 기다란 대포에서 날아간 바위 같은 돌 포탄이 성벽을 때리는 장면이 압권이었다. 마침내 삼중 벽의 철옹성 테오도시우스 성벽이 무너지고, 말을 탄 술탄이 위풍당당하게 성안으로 들어선다.

성이 함락된 후 동로마 시민의 운명은 어떻게 되었을까. 파노라마를 보면서 튀르키예 영화 〈정복자 1453〉의 마지막 장면이 떠올랐다. 술탄은 성당으로 들어가 공포에 질린 동로마 사람들에게 자유를 보장하겠다고 말하며, 여자아이를 안고 미소를 짓는다. 그러나 기록에 따르면 이슬람 관례에 따라 3일간 민간인들을 학살하고 유린했으며, 생존자들을 노예로 끌고 갔다고 한다.

그때 휴대폰 메시지 창이 떴다. 전쟁 소식이었다. 중동에 전쟁이 일어났는데 별일 없는지 안부를 묻는 동생의 메시지였다. 바로 뉴스를 찾았다. 팔레스타인 가자지구를 통제하는 무장 정파인 하마스가 이스라엘을 기습 공격했다는 속보가 있었다. 러시아와 우크라이나 전쟁이 아직도 끝나지 않았는데 또 다른 전쟁이 터진 것이다.

버스 안에서 가이드가 들려준 이야기가 떠올랐다. 돌궐족과 고구려, 튀르키예와 우리나라 사이에 얽힌 여러 인연에 관한 내용이었다. 그중에는 튀르키예 병사와 전쟁고아의 실화를 다룬 영화 〈아일라〉 이야기가 있었다.

튀르키예의 육군 하사 술레이만은 자원해서 한국전쟁에 참전한다. 북한군의 습격을 받은 마을에서 죽은 엄마의 손을 잡고 떨고 있는 한 여자아이를 발견한다. 막사로 아이를 데려간 그는 튀르키예어로 달을 의미하는 '아일라'라는 이름을 지어준다. 아이를 돌보면서 어느새 아일라를 친딸처럼 여기게 되고, 아일라는 술레이만을 아빠라 부르며 따른다. 그러다 고국으로 돌아가야 하는 시간이 된다. 그는 울고 있는 아일라에게 "다시 돌아오면 그땐 헤어지지 않을 거야."라는 약속을 남기고 귀국선에 오른다.

그리고 2010년, 한국 정부에서는 전쟁 60주년을 기념하면서 유엔 참전 용사들을 대대적으로 초청한다. 서른 명의 튀르키예 참전용사 중에는 술레이만도 포함되었다. 마침내 여의도의 앙카라공원에서 두 사람은 기적적으로 재회한다.

튀르키예 병사와 전쟁고아의 이야기는 참혹한 전쟁터에서도 사랑이라는 꽃이 피어나는 것을 일깨워주며 커다란 울림을 던졌다. 그러나 그 감동의 여운이 채 가시기도 전에 이스라엘과 하마스의 전쟁 소식을 들었다. 앞으로 얼마나 많은 사람이 죽을 것이며, 또 얼마나 많은 '아일라'가 생사의 갈림길에서 두려움에 떨게 될까. 식물의 씨앗은 한 줄기 바람에 의해 떨어지는 자리로 자신의 운명이 결정된다. 자신이 태어날 곳을 선택할 수 없는 아일라는 조국의 국력과 지도자의 판단에 자신의 운명을 맡길 수밖에 없는 것이다.

어느새 7박 9일간의 여정이 끝나고, 귀국하는 비행기에 몸을 실었다. 튀르키예는 눈이 시리도록 푸른 지중해, 주황빛 지붕이 아름다운 연안 도시, 오스만 제국의 화려한 궁전, 로마의 유적지 등 볼거리가 풍성하다. 그러나 무엇보다 인상적인 곳은 중부의 카파도키아였다. 광대한 기암괴석이 많아 척박한 준사막 지대인 이곳에는 석굴 도시와 지하도시가 있다. 사방이 탁 트인 평원 지대에서 사람들은 적을 피해 지상의 화산암 바위를 벌집처럼 파서 살고, 지하의 돌을 파서 두더지처럼 땅속으로 들어가 도시를 만들어 숨었다. 사람이 어떻게 이런 곳에서 살 수 있을까? 눈으로 직접 보고도 믿기지 않았다.

그리스, 페르시아, 로마 시대, 동로마 제국을 거쳐 아시아의 튀르크인들이 이동해 정착한 나라인 튀르키예는 지중해, 흑해, 에게해, 삼면이 바다로 둘러싸인 지리적 이점 때문에 많은 전쟁이 벌어졌다. 로마의 유적지와 기독교인들의 성지가 곳곳에 있는 이 땅에 이슬람 민족이 살고 있는 것에서 알 수 있다. 고요하고 광활한 들판은 군대의 말발굽 소리, 병사들의 함성, 칼과 방패가 부딪치는 소리, 화살 날아가는 소리, 포탄을 퍼붓는 소리, 인간이 인간을 죽이는 잔인한 소리에 짓밟혔어도 대자연의 넓은 가슴으로 다시 연둣빛 새싹을 틔운다.

중동 전쟁이 일어난 지 200일이 지났다. 가자지구 사망자가 삼만 명을 훌쩍 넘어섰고, 그중 대다수가 여성과 어린이를 포함한 민간인이라고 한다. 이렇게 많은 사람들에게 재앙을 안기는 전쟁이 누군가에게는 기회가 된다. 지구상의 어디선가 전쟁이 터지면, 여러 나라의 지도자들은 말로는 평화를 외치며 뒤돌아서서 계산기를 두드린다. 전쟁으로 나는 인간의 이중성을 본다.

오늘도 중동에서, 우크라이나에서 포성이 울린다. 탐욕에 눈먼 어른들의 귀에는 작렬하는 포성에 눈물 흘리는 아일라의 울음소리가 들리지 않는 것일까.

김미란 kmr5321@hanmail.net
2023년『한국수필』2013년『문학의 강』등단
서초문인협회 이사. 한국수필가협회, 참좋은문학회 회원, 심지문학회 총무
수필집『기억의 오류』
제2회 서울시약사회 한독문학상 대상 수상

아름다운 레이스

김영래

 달리기가 한창 유행하던 때, 마라톤 동호회에 합류했다. 중랑천 따라 노원교까지 왕복 16km 구간을 능력껏 뛴다. 마친 뒤 저녁 식사를 겸한 뒤풀이가 정례화되었다. 비교적 편한 사이로 여겨졌지만, 어느 날부터 조금씩 소외감이 느껴졌다. 짐작되는 원인은 마라톤 풀코스 완주 경험이었다. 공인 마라토너가 아니라는 일종의 따돌림 아닐까 싶었다.
 풀코스는 육체적, 정신적 환경이 최악인 상태에서 발휘되는 초인적 도전이다. 지구력에 끈기와 정신력도 필요하다. 그토록 힘겨운 완주를 하지 않았다면 마라토너가 아니라는 것이다. 실제로 하프코스와 풀코스를 마라톤이라 한다. 10km, 5km는 달리기다.

 마라톤은 그리스와 페르시아 간 전쟁 지명이 어원이다. 1896년 아테네 올림픽에서 40㎞였던 거리는 다섯 번의 올림픽 때마다 제각각이었다. 대충 40㎞쯤 뛰면 되는 정도였다. 42.195㎞를 처음 채택한 대회는 1908년 런던 올림픽이다. 원저성을 출발 올림픽 스타디움까지 41.843㎞로 결정했는데, 영국 왕족의 관람 장소인 귀빈석 아래에 결승점을 두도록 요구하여 352m가 늘어났다.

풀코스 완주는 대략 4㎏ 체중 감량이 온다. 달리는 동안 주최 측에서 바나나와 생수 정도만 지원한다. 출발선에서 11㎞ 지점이 처음, 이후 5㎞마다 종이컵에 담겨 있는 물이나 바나나를 낚아채듯 달리면서 마시거나 먹어야 한다. 물을 마시는 시기와 양을 스스로 알맞게 조절해야 한다. 매 급수대에서 한두 모금으로 갈증 해소 정도다.

제대 말년의 육군 병장은 떨어지는 낙엽조차 피해 다닌다는 우스갯소리가 있다. 34년 직업군인 정년 퇴역을 앞두고 있었던 나는 처음에는 마라톤 완주의 도전 의미를 충분히 찾지 못했다. 그 힘든 달리기를 왜 하는지도 의문이었다. 사전 준비를 잘해도 성공이 보장되지도 않는다.

그즈음 마라톤에 참가하는 친구들이 주변에 하나둘 늘어가니 생애 마라톤 풀코스 종주를 한 번은 해야겠다는 생각이 들기 시작했다. 도전으로 가닥을 잡았지만, 마음을 다진다고 절로 되는 일은 아니었다. '가다가 중지하면 아니 감만 못하니라'라도 일단 실행하기로 한 것은, 시작하지도 않고 포기하는 것이 떳떳하지 않다고 여겨졌기 때문이다.

  망설이던 어느 날 저녁 무렵, 처음으로 봉화산을 끼고 연결된 길을 따라 달렸다. 5km 소요 시간 1시간 10분, 대강의 짐작과 별 차이가 없었다. 얼마 뒤 더 먼 거리인 담터고개까지 왕복을 택했다. 서둘지는 않았지만 달리는 동안 잡념이 생겼다. 예상치 못한 일은, 더는 뛸 수 없을 때 주머니 없는 간편복이어서 되돌아올 버스요금이 없다는 것이다. 일어나지도 않은 걱정을 만들어 엉뚱한 데 힘을 허비하는 초보자의 사서 하는 마음고생이었다.

  그렇게 시작한 달리기는 1999년 3월, 서울마라톤 10km 코스에 도전하기 전까지 몇 번의 5km에 참가하며 적응해 갔다. 처음이 가장 힘들었지만 마친 뒤에 땀의 보람을 느꼈고 몸도 가벼워지는 듯했다. 스포츠맨이 되어 풀코스를 종주한 듯 갑자기 우쭐한 기분이 들기도 했다. 그런 긍정적 사고는 끝까지 해야겠다는 투혼이 되기도 했다. 2002년 5월 경향신문 주최 서울 하프 마라톤을 시작으로, 6월, 9월, 11월, 네 번에 이어 2003년 제2회 노원 하프마라톤대회까지 완주했다. 나처럼 하프코스 완주자는 많지만 풀코스 마라토너 앞에서는 별 의미가 없었다.

산악인도 등급이 있다. 100대 명산보다 설악의 공룡능선이 1순위였다. 산행 경험이 많아도 공룡능선을 종주하지 않았다면 전문 산악인으로 쳐주지 않았다. 그런 모호한 기준에 동의하던 내가 마라톤에서 당할지는 예상치 못했다. 마라토너 취급을 받지 못하는 괄시만큼 오기가 날로 늘어났다.

드디어 잠실벌에 운집한 1만 9천여 참가자 대열에 합류했다. 2005년 4월 24일. 출발하자마자 자연스럽게 후미가 되었다. 초반 오버 페이스 분위기에 휩쓸리지 않은 것은 내 실력으로 당연한 선택이었다. 천호동과 가락시장을 지나 복정역에서 오른쪽으로 빠져 분당구 운중동 정신문화연구원이 반환점이었다.

모든 참가자는 출발 전 전자칩을 발목에 찬다. 특정 코스 통과 순간 기록이 담긴다. 전자칩을 읽는 장치는 비밀리에 설치되어 주자들이 알 수 없게 한다. 대중교통 이용 뒤 해당 코스에서만 달리는 꼼수를 차단하기 위한 수단이다.

풀코스 참가는 아름다운 도전이며 동호인 화합의 대축제이다. 가족 친구 동료와 함께하기 마련이지만 나는 준비부터 참가까지 혼자였다. 동호회는 알리지 않았고 가족은 부담이 될 수 있어 잘 다녀오겠다는 말로 대신했다. 바닥이 너무 얕지 않은 가볍고 편한 운동화에 날씨도 비교적 따뜻해서 외적 불편함은 없었다.

　30km 지점까지는 그런대로 적응했다. 이후 하나둘씩 걷거나 앉아 있는 주자들이 보이기 시작했다. 나 또한 그러고 싶은 마음이 없지 않았지만, 일단 반환점을 통과하기 위해 달렸다. 그리고 시작했으니 끝을 봐야겠다는 각오를 다지며 골인 지점을 향해 달린다.

　'말을 타고 달리는 인디언들은 어느 순간 말을 멈춰 세우고 뒤를 돌아본다. 너무 빨리 달리다 보면, 자기의 영혼이 따라오지 못해 길을 잃지 않을까 싶어서'다. 그와 유사한 체험이었다. 몸이 앞으로 나가지만, 정신은 그 뒤를 따라오는 느낌이었다. 연습 구간에 택한 기도를 28회 암송하면 대략 1km를 달린다. 그렇게 300번쯤의 짧고 간결한 반복 기도를 흐릿해지는 나의 혼과, 처지는 몸을 일으켜 세우는 유일한 에너지로 삼았다. 1km는 참으로 길다는 사실을 몸으로 절감했다.

　골인 지점으로 들어서는 순간 없던 힘이 생겼다. 트랙을 한 바퀴 도는 동안 나를 응원하는 사람은 없었지만, 관중석 모두가 나를 응원하는 것처럼 여겨졌다. 4시간 26분 01초!

　인생을 마라톤이라 한다. 출발과 골인 지점이 같고 분명한 마라톤. 글쓰기도 마라톤이라면 나의 글쓰기는 등단으로 출발한 것일까. 지금 그 길을 달리고 있다면 반환점은 어디쯤일까. 쉬거나 주저앉지 않고 꾸준히 골인 지점에 다가갈 수 있을까. 지금은 알 수 없지만 아름다운 레이스, 벅찬 감동의 마라톤 풀코스를 달리던 그 마음으로 글쓰기를 이어가고 싶다.

홀로서기

  고향 가는 길은 주로 서해안 고속도로를 이용한다. '함평천지휴게소'에서 쉬어가는 경우가 많은데 거기서 관광 안내 지도를 매번 들여다본다. 행정구역상 사는 곳은 무안이지만, 생활권은 중학교에 다니던 함평읍이었다. 지금은 없어진 그 학교가 있던 자리를 어림잡아보기도 하고 살았던 시골집 자리도 짚어본다.
  낮은 언덕 양편으로 바다와 바다를 등진 쪽으로 나누어져 있던 작은 마을이다. 진입로 옆에 집 한 채가 금방 눈에 들어온다. 오래전 마을 어르신의 수고와 정성이 깃든 흙벽돌을 찍어 지은 마을회관이다. 그 앞에는 크고 반듯한 소나무 한 그루가 있다. 마을을 지키는 초병처럼 홀로 선 부동자세가 당당하다. 어느 순간 친구 같은 느낌이 들어 그 아래 잔디에 앉아 쉬기도 했지만, 하늘로 향해 굳세게 뻗은 줄기와 사방으로 펴진 가지를 올려다볼 때면 위엄 있는 어르신이 옆에 서 계신 것 같다.

네 살 위 형님과 지도에 표시된 함평만을 가로질러 건너편 돌머리 서당에 다녔다. 그런 어느 날 썰물 때, 손에 종이를 들고 가다가 깊이를 알 수 없는 뻘밭에 발이 빠졌다. 바람이 없는 바다는 거의 없다. 손 안에 있던 종이는 박힌 발을 빼기 위해 애쓰는 순간 바람을 만나더니 갑자기 비상飛翔을 시작했다. 그러다가 하나, 둘 차례대로 모두 뻘밭으로 사뿐히 내려앉았다. 대형 사건이었다. 빠듯한 살림에 큰맘 먹고 귀한 종이를 사 주셨을 부모님 생각에 어찌할지 몰라 한동안 갈피를 잡을 수 없었다. 집으로 되돌아갈 수밖에 없었는데, 서로 잘못을 탓하거나 싸우지 않았다. 염려했던 야단을 맞지 않은 것도 다행이었다. 지도에 표시된 함평만을 볼 때면 그 순간들이 선명해진다.

나의 첫 유학遊學은, 처가살이하던 손불면의 큰형님 댁이었다. 형님은 처가 농사까지 맡아 늘 바쁘셨지만, 어린 동생이 신경 쓰였는지 잘 챙겨주셔서 공부하는 데 불편함은 없었다. 시간이 날 때면 큰형님이 손수 만든 자그마한 노래책에 관심이 많았다. 메모지 정도 규격에 재질이 약간 두꺼운 수첩에는 여러 노래 가사와 주제가 담긴 그림이 여러 개 있었다. 그중 '물새야 왜 우느냐'라는 가사와 함께 물새도 그려져 있었는데 배경은 일공구 앞바다와 집

근처의 월천제 저수지로 보였다. 만년필 그림은 처음 보는 것이어서 어린 나로서는 신기했다. 그림 솜씨도 예사롭지 않은 것 같아 자주 들여다보며, 나도 어른이 되면 큰형님처럼 '그림 수첩을 만들어야지' 하는 생각이 들었다. 당시에는 몰랐지만, 처가살이하는 큰 형님 나름의 애환을 달래기 위한 수단이었을 것으로 짐작된다.

유학을 보낸 선친과 따로 부자간 대화를 나눈 기억은 없다. 왜 거기로 가게 되었는지 알려 주는 가족도 없었지만, 동네에 서당이 없었기 때문이 아닐까 싶다. 부친은 거의 매일 밖에 나가 계셨고 며칠씩 집을 비우는 날도 많았던 것 같다. 당시에는 여기저기 도깨비가 자주 출몰하던 시절이었다. 어느 날, 문중 일을 마치고 뒤풀이 겸 약주를 다소 과하게 드시고, 늘 다니던 집에 오는 길을 벗어나 바닷가 계곡으로 도깨비에게 끌려가셨다. 날이 저물어가는 시간에 한참을 헤매던 어느 순간 정신을 차려 소리를 쳤는데, 인적이 드문 곳임에도 다행히 마침 근처를 지나가던 동네 분이 집에까지 모셔 온 적이 있었다.

지금은 도깨비를 영화 제목 외에는 볼 수 없지만, 그 일은 '도깨비 사건'으로 한동안 동네 어르신들 대화의 화제가 되었다. 월천제 모퉁이에는 논으로 흘려보내는 물량을 조절하는 둥근 탑이 있다. 손으로 조절하는 운전대가 가운데 있는데, 끝을 알 수 없는 깊이에 물이 까맣게 수문으로 휘돌아 빠지는 소리가 아버지를 괴롭혔던 그 도깨비 울음소리 같았다.

　어린 나이에 유학과 서당 공부는 늘 부담이었다. 암송 숙제는 매일 훈장님의 지적을 받지 않는 것이 최우선이었다. 어렵게 느껴지는 부분은 때로 미리 손바닥에 적어 두었다가 훈장님 몰래 슬쩍 보기도 했는데 훈장님은 알고 계셨을 것이다. 그런 날은 일이 일어나기도 전에 부모님께 알려지지 않을지 걱정스럽고 불안하기만 했다. 그런 중에도 공부를 일찍 마치는 날이면 토끼풀이 많았던 월천제 둑의 작은 길로 일공구 근방까지 오가곤 했다. 같이 놀 친구가 없어 제방 수풀 사이 방아깨비 같은 곤충을 살피기도 했다. 멀리 이어진 바람결 따라 움직이는 물을 바라보며 홀로 앉아 있는 시간도 많았다. 그땐 세상에서 제일 큰 저수지로 보이기도 했지만, 어른이 된 뒤에는 그리 크지 않은 여느 민물호수 정도였다. 어린 마음과는 달리 너무나 작게 보인다.
　세 시간 넘게 걸어서 15km 정도 되는 집에 두 번 다녀온 적 있다. 집에 온 다음 날 왔던 길로 되돌아가곤 했다. 부모님이 보고 싶어 내 마음대로 간 것인지, 집안일로 간 것인지는 기억나지 않는다. 혼자 오가는 동안 간단한 먹거리도 없었다. 그 쓸쓸함과 배고 픔이 지금도 느껴진다. 유학하는 동안 비슷한 어려움이 많았겠지만, 누구도 원망한 적은 없다.

   큰형님 집에서 몇 달을 지내는 동안 부모님 마음을 헤아려보지는 못했다. 지금 생각하면 어린 자식을 유학 보낸 부모님 심정은 어떠하셨을까. 마을 입구에 홀로 선 소나무는 세찬 비바람에도 한겨울 눈보라에도 늘 푸른 초록빛 그대로다. 그에게서 위안을 느끼며 조금씩 홀로서기에 적응해 가고 있었다.

김영래 daylkim@hanmail.net
2024년 『한국수필』 등단
한국수필가협회, 참좋은문학회 회원

길치의 여유

김진양

회원 수필 1

　내가 길치임을 알아차린 것은 승용차를 운전하면서부터다. 목적지를 제대로 찾아간 일이 없었기 때문이다. 매번 엉뚱한 길로 잘못 들어서 한참을 헤매다가 찾아 나오곤 했다. 그래서 동승자가 있다면 목적지에 가는 도중 길을 헤맬 수 있다고 사전에 양해를 구해야 했다. 정신 똑바로 차리고 제대로 찾아가리라 다짐을 해봐도 도로아미타불이다. 교통 안내 지도를 보면서 찾아가지만, 쉽지 않았다.
　나 자신을 생각해 봐도 한심할 정도로 길눈이 어둡다. 길눈이 밝은 사람은 아무리 복잡한 길도 한번 가본 길은 손금 보듯 환히 알 수 있다는데 나에게는 언감생심 꿈도 못 꿀 일이었다. 지도책을 운전석 옆에 놓고도 간혹 차를 멈추고 행인에게 길을 물어봐야 했다.
　길치는 길에 대한 감각이나 지각이 매우 무디어 길을 바르게 인식하지 못하는 사람을 말한다. 자랑할 수는 없지만 숨길 수 없는 나의 특성 중 하나다.

　내비게이션Navigation을 보통 내비라고 한다. 국어순화 운동의 하나로 붙은 이름은 '길도우미'이다. 언제인지 내비가 나온 후부터는 길 찾는 게 훨씬 수월해졌지만, 헤매기는 마찬가지다. 행선지를 가다 보면 길을 잘못 들어서 안내를 다시 시작한다는 길도우미의 친절한 목소리를 자주 듣게 된다. 그때마다 나는 '왜 이러지?' 하며 길치임을 자책하곤 한다.

　요즘에는 웬만하면 전철을 이용한다. 전철역에서 약속 장소를 찾아가는 것도 헤매기는 마찬가지이다. 스마트폰 앱을 활용하는데도 길을 가는 젊은이의 도움을 받곤 한다. '아는 길도 물어가라'던 속담을 읊조리며 길치의 부끄러움을 달래 본다.

　몇 년 전, 어느 늦가을 오후에 혼자 용마산에 올라간 적이 있다. 용마산 정상은 해발 348m의 높지 않은 산이라 어렵지 않게 생각했다. 처음 가는 길이라 앞서가는 사람들의 발길을 따라 올랐다. 내려올 때도 사람들의 뒤를 쫓았다. 늦가을이라 해는 길지 않았다. 얼마쯤 내려왔을 때 앞서가는 사람들이 어디론지 사라지고 혼자 남았다. 여러 갈래의 내려가는 길에서 각기 제 갈 길로 흩어져 가

버린 것이다. 순간 당황했다. 짧은 해는 뉘엿뉘엿하더니 금세 어둑어둑 어둠이 밀려오고 있었다. 내려갈 산길은 아직 멀었다. 산에서 내려다보이는 신작로 가로등을 등대 삼아 산속을 헤매다 간신히 내려온 곳은 엉뚱한 마을 앞 버스 도로변이었다. 낮은 산도 산이다. 잘 모르는 등산로라면 혼자 가는 산행은 삼갈 일이다. 그 후로 혼자 산에 가는 일은 없다.

관악산에는 한 달에 두 번씩 올라간다. 일행과 함께 가기 때문에 우리만의 쉼터인 중간지점까지 오르기 시작한 지 꽤 오래되었다. 항상 사당역에 모여서 수십 번 다녔는데도 매번 처음 가는 길처럼 낯설다. 물론 똑같은 길로 오르는 것은 아니다. 여름과 겨울에는 음지와 양지를 찾아서 다른 길로 오르기는 한다. 올라갔던 길로 내려오는데도 낯선 길로 보이니 심각한 길치다. 일행들은 항상 뒤에서 따라오기만 해서 그럴 거라고 하지만 그게 아니다. 등산로를 걸으며 의도적으로 산세와 길의 특징을 기억해 놓는데도 매번 허사다.

며칠 전 자동차 검사를 받으라는 통지에 집에서 가까운 정비공장에 가는 길이었다. 여러 차례 다닌 적 있다. 머릿속에 그려지는 길이라 내비도 켜지 않고 자신 있게 나섰다. 아뿔싸! 아니었다. 역시나 잘못 들어서 여기저기 기웃거리다 유턴해서 돌아오는 수고를 했다. 한번 길치는 영원한 길치인가 보다.

 지인들은 그렇게 심한 길치가 어떻게 운전하고 다니느냐고 묻는다. 그래도 몇십 년 무사고 운전 경력이라며 너털웃음으로 받아 넘기곤 한다. 모로 가도 서울만 가면 된다는 말이 나에게는 큰 위안이 된다.

 자동차를 운전하면서 길을 찾으러 헤매다 보면 나의 인생길과 닮은 듯하다. 목표에 도달하기 위해 빠른 길을 선택하지만, 그 과정에서 각양각색의 일을 겪기 마련이다.

 이 길인지 저 길인지 기웃거리다 잘못 선택한 길에서 돌아 나오기도 했다. 때로는 가던 길의 방향을 잃고 난감해하는 경우도 있었다.

 길을 찾을 때는 길도우미의 안내에 따르기도 하고 행인에게 물어보기도 하지만, 엉뚱한 길로 들어서 고생하는 경우도 종종 있다. 세상에 믿을 놈 없다는 우스갯소리에 고개가 끄덕여졌다.

 인생은 혼자 살아가는 길이 아니다. 때로는 조언에 따르면서 수많은 길을 동행하기도 하고 혼자 가기도 하는 것이 인생길 아니던가. 다른 사람이 간다고 무작정 따라나서는 것은 안 될 일이며 나는 나의 갈 길을 가야 할 일이다. 삶이란 매 순간 선택하고 책

임은 오롯이 내 몫일 수밖에 없기 때문이다. 세상사 내 뜻대로 되지 않는 평범한 진리를 알면서도 시행착오를 거듭하는 것이 또한 인생이다.

백 년도 못 사는 인생, 누구나 언젠가 가야 할 목적지는 한 곳 아니던가. 앞만 보고 서두를 일은 더욱 아닌 것 같다. 가는 길이 한두 길도 아닌 수많은 길이 내 앞에 놓여있다.

운전하면서 길을 제대로 찾지 못하고 매번 헤매는 일이 습관처럼 되어버렸다. 그렇다고 해서 목적지를 못 찾거나 약속 시간이 늦어서 낭패한 일은 한 번도 없었다. 길치인 나를 알고 약속 시간에 충분히 닿을 수 있도록 미리 떠나기 때문이다.

비록 길을 헤매는 영원한 길치일지라도 이길 저길 덤으로 들여다보고 가는 것도 괜찮은 듯하다. 당황하지 말고 소풍 길 즐기듯 여유를 부려볼 일이다. 인생사 마음먹기에 따라 다르다고 하지 않았던가.

가을 햇살이 고운 아침이다. 북한강을 따라 펼쳐진 단풍길을 돌아봐야겠다. 가다가 길을 잘못 들어간다고 한들 이 가을 아름답지 않은 곳이 어디 있으랴.

새로운 길에 들어서며

 한국수필에 응모한 작품이 신인상에 당선되었다. 늦깎이에 문단文壇이라는 새로운 세계에 들어선 발걸음이 낯설다. 그동안 습작을 하면서 글쓰기가 쉽지 않다는 것을 충분히 체감했기 때문이다.
 세상을 살다 보면 전혀 예상하지 못한 길로 들어설 때가 있다. 잘 못 들어섰다 싶으면 다른 길을 찾기도 하고, 되돌아 나오기도 하고, 초지일관 뚜벅뚜벅 걷기도 한다. 저마다 매 순간 선택하며 살아가는 것이 인생살이 아닌가.
 문학에 대해서 별로 관심이 없던 나는 책 읽기를 좋아하는 아내 덕분에 가끔 베스트셀러나 도서관에서 빌려온 책을 얻어 읽는 정도였다. 그런 내가 수필 작가라는 호칭에 당황하기도 하려니와 꿈에도 생각지 못한 길로 들어선 걸음이 조심스럽기도 하다.
 그간 악기 연주나 당구, 문인화에 취미가 있어 동호회 활동에 참여하며 재미있게 지냈다. 유유상종이라 했듯이 서로 취미나 성격이 비슷한 사람끼리 어울리는 것이 인지상정이다. 그러니 작가들과의 교류도 없을뿐더러 어쩌다가 만남이 이루어져도 화제는 일상적인 세상사였다.

    내가 문학에 관심을 두게 된 것은 2019년 5월 구리문인협회에서 주관하는 단기 문예 대학에서 시 창작과 수필을 수강하면서 시작되었다. 늦었다 싶을 때가 빠르다고 한 말을 되뇌며 열심히 습작했다. 그러나 2020년 초에 세계적인 코로나 팬데믹으로 모든 집합 교육이 중단되었다가 2년 후 개강하여 다시 수강했다. 그동안 수필보다는 시 창작에 흥미가 있어 여기저기 기웃거리며 나름으로 열심히 하고 있었다. 그러나 평소 문장력이 부족한 나로서는 어려운 일이었다.
    그렇게 시 창작과 수필 강의를 듣던 중, 시 창작에 어려움을 느끼고 고민할 때였다. 서금복 수필 지도 선생님의 "김 선생님은 수필 쓰면 잘 쓰실 것 같아요."라는 한마디가 내 생각을 바꾸는 결정적인 계기가 되었다.
    인연이란 신뢰로부터 시작되는 것 같다. 서 선생님께 수필 강의를 들으며 초등학교 신규 여교사 같은 그녀의 열정에 순수한 마음을 느꼈고, 그것이 내가 꾸준히 글쓰기를 한 요인이기도 했다. 학창 시절 교과 담당 선생님이 좋으면 그 과목을 더 좋아하고 열심히 공부하는 학생이 이런 심리였을까…. 그 결과 2023년 8월에 「어머니의 등불」이라는 글로 한국수필에 등단하게 되었다.

  그동안 수필을 지도해 주신 선생님의 추천으로 '참좋은문학회' 회원으로 가입하고 그해 8월 정기 모임에 참석했다. 건대建大역 근처 식당에서 저녁 식사를 하면서 가벼운 인사와 담소를 나누었다. 회원들 모두 다정다감했다. 나이는 내가 제일 많았지만, 모두가 선배 등단 작가들이었다.

  선생님의 격려사와 회장님의 환영 인사에 꽃바구니와 꽃다발이 신입회원인 나에게 전달되었다. 문인들의 등단 축하와 환영을 받는 일이 무안하기도 했다.

  학창 시절뿐만 아니라 오랜 직장 및 사회생활에서 수상할 기회가 많았었다. 정년 퇴임 때는 훈장도 받은 경험이 있다. 그러나 오늘처럼 내가 주인공이 되어 받는 축하 인사는 왠지 어색하고 쑥스러웠다. 여럿이 함께 받을 때는 다른 사람들에 묻혀 덜 불편했으나 나 혼자 주목받는 경우라 부끄럽고 민망스럽기도 했다.

  간단한 행사의식이 끝나고 자유시간이 되었다. 모두가 구면일

텐데 오가는 대화는 진지하고 예의가 바른 품성이 묻어났다. 두 명의 남자 회원과 아홉 명의 여성 회원 모두가 조용하고 진지했다.

회원들의 이야기를 듣다가 문득 산기슭에 다소곳한 구절초의 모습이 떠올랐다. '순수'와 '우아한 자태'라는 꽃말이 분위기에 어울리는 것 같았다.

지금까지 내가 참여한 모임과는 사뭇 달랐다. 그전에는 대부분 교직 출신이라 흉허물없이 서로 잘 알기 때문에 분위기는 조금 소란스럽기도 했었다. 더군다나 소주 한두 잔이 돌고 나면 불그레한 얼굴에 왜 그렇게 할 말은 많은지 평생 말[言]로 먹고 살아온 직업병이었을까.

8월 폭염이 그칠 줄 모른다. 더위와 태풍이 지나면 등단 축하 주로 소주 한잔하자는 친구와 지인들의 이어지는 전화가 싫지 않은 것은 왜일까. 정년을 몇 년 앞둔 S 교장에게서 제일 먼저 전화가 왔다. 그는 내가 퇴직 전 같이 근무하면서 서로 마음이 통했던 사이였다. 이런저런 이야기에 시간 가는 줄 모르고 즐겼다. 다행히 그도 글쓰기에 관심이 있어 지금도 틈나는 대로 쓴 글을 컴퓨터에 저장해 두고 있다고 했다. 이심전심이었을까, 술잔은 빨리도 비워졌다.

남들은 절필한다는 나이에 대단하다며 추켜세우는 인사에 소주

잔을 부딪치며 두 사람은 넉넉하게 취했다.

  그리 멀지 않은 인생길에서 누구를 만나느냐에 따라 진로가 바뀌는 것을 황혼의 나이에 실제 경험하고 있다. '글은 재주로 쓰는 게 아니고 마음으로 쓰는 것'이라며 이제 시작이라는 서금복 작가님의 격려가 용기를 북돋웠다.

  한 번도 경험하지 않은 문단에 살얼음 밟듯 발걸음을 내디디며 부단히 노력하는 자세가 새로운 길을 가는 태도라 생각한다.

  태풍이 남쪽 지방을 휩쓸고 소란을 피우더니 수도권은 얌전히 지나갔다. 밤낮 가리지 않고 요란했던 매미도 엊그제 입추에 밀려 먼 길을 떠났는지 잠잠해졌다. 그 틈에 어느새 부지런한 귀뚜라미가 끼어들었다. 제 갈 길 찾으러 오가는 길, 나는 새로운 길 초입에서 서성대며 옷깃을 여미고 있다.

김진양 kjy9527@hanmail.net
2023년 『한국수필』 등단
한국수필가협회, 참좋은문학회 회원

길에서 길을 배우다

'모든 길은 내비로 통한다' 언제부턴가 로마가 내비로 둔갑했다. 노래방 기계 없이는 한 곡도 부르기 어려운데, 이젠 또 내비게이션이 없으면 운전대 잡기가 겁난다. 점점 길치가 돼간다. 주소까지 길 번지로 바뀌어 내 집 외에는 아는 주소가 없다. 외우고 기억할 필요가 없어진 탓이다. 해마가 퇴화해 간다.

　도道, 로路, 가街 등은 모두 길의 동의어다. '길'은 곡谷, 굴窟 등 흙과 땅에서 유래한 것이라 한다. (우스개 별곡, 서정범, 294면) 그런데 뭍이 아닌 항공로, 해상로 등까지 그 쓰임새가 확장되었다. '길'과 '도道' 자로만 한정해도 길은 엄청나게 많다. 주소지 길을 빼고도 그렇다. 농로, 지방도, 국도, 고속도로는 기본에 불과하다. 차는 차도, 기차는 철길(철로), 배는 수로나 해로, 비행기는 항로로 간다. 자칫 길을 잘못 들어서면 그 자체가 중대 사고다.
　우리의 빨리빨리 문화에 적합한 지름길과 순로順路도 있다. 누구나 좋아하는 숲길과 오솔길, 산책길(로), 강변길(로) 등이 있는데 정감 넘치는 새 길은 계속 늘어난다. 북한산 둘레길, 제주올레길…. 둘레길이야 미뤄 알겠는데 '올레길'은 또 뭔가? '골목'을 뜻하는 제주 방언이다. 그러니 '지리산 올레길'이라 하면 정체성에 혼란이 온다. 제주올레길은 제주 출신 서명숙 기자가 낙향해 만든 작품이다. 어느새 세계적 순례길이 되었다. 그런데 요즘은 누가 뭐래도 국민 걷기 길이 된 황톳길이 대세인 것 같다.

내 동네 뚝섬에도 벚꽃 흐드러지는 '뚝방길'이 있다. 그런데 '뚝방길'은 사전에 없는 단어다. '둑길'이 표준어다. 또 뚝섬의 옛 이름은 '뚝도'였다. 복개로 섬 같지 않지만, 섬이 맞다. 섬은 당연히 길과 상관없는 섬 '도島' 자를 쓴다. 딱 하나 예외가 있다. 가장 큰 섬 제주도다. 길 '도道'자를 쓰는데 광역자치단체라서다. 내륙인 전라도, 경상도와 다르지 않다.

'노견路肩'이란 용어를 알면 꼰대가 된 것이다. 일본 출신인데 우리말 '갓길'로 바뀐 지 오래다. 느림의 미학을 연상시키는 에움길, 마을의 좁은 길을 뜻하는 '고샅'은 나도 할머니가 돌아가신 뒤 다시 들은 적 없다. 정겨운 말이다.

인력과 재화의 빠른 유통에 기여하는 '길'은 국가의 대표적 사회간접자본 중 하나다. 예나 지금이나 강대국일수록 길 사정이 좋다. '모든 길은 로마로 통한다'는 말이 그냥 생긴 게 아니다. 변변한 자원 하나 없던 변방의 칭기즈칸이 세계를 정복할 수 있었던 주요 배경은 말을 이용한 기동성과 지구력에 있었다. 상대국이 대비하기 전에 기습하는 전략을 썼는데 주효했다. 반면, 나폴레옹과 히틀러는 긴 원정길을 극복하지 못하고 패망한 대표적 사례다. 폭우로 엉망이 된 워털루 진흙탕에 갇혀 나폴레옹 군은 한치도 전진할 수 없었다. 또 2차 세계대전의 히틀러 군은 소련의 레닌그라드(상트페테르부르크)까지 진격해 상대를 고립시키는 데는 성공했지만, 결국 긴 보급로와 추위를 견디지 못하고 패전의 길에 들어섰다. 우리 역사에도 있다. 최종 승전을 위해 한겨울 힘든 우회로를 택한 십만 거란군 역시, 귀주에서 퇴로를 차단당했고 강감찬의 고려에 궤멸하였다. 길이 막히면 패배고 곧 죽음이란 사실을 잘 보여준다. 누군가 '물은 배를 띄우지만, 뒤엎어 버리기도 한다'고 했다. 길도 그렇다.

부실한 국가 재정에도 고집스럽게 경부고속도로를 건설해 낸 대통령은 이 나라를 부흥시킨 지도자로 지금도 추앙받는다.

일 년이 멀다 하고 뜯어대는 길옆을 지날 때마다 이천 년 된 로마의 도로들이 생각난다.

'길품 판다'는 말이 있다. 품삯 받고 먼 길을 왕래하던 직업이 예전에도 있었다. 그러니 우리 택배 역사는 생각보다 깊다. 그런데 거리 직업 중 기능사 자격증은 거의 없다. 그냥 기사일 뿐이다. '도사'는 길을 잘 아는 사람이 아니라 세상 이치에 밝은 사람이다. 언제부턴가 '길잡이' 대신 '가이드'가 더 친숙하다. 별로 고상한 단어 같지도 않은데.

길이 아니면 가지 말라 했던가. 학식 풍부하고 어진 사람이면 큰길로 가라는 군자대로행君子大路行이 있고, 한 대통령이 즐겨 쓰던 대도무문大道無門도 있다. 흥미로운 것은 폭과 난이도만 놓고 보면 좁고 힘든 길이 대로보다 많다. 고생길, 뒤안길, 가시밭길 등…. (지금 우리말 글, 손진호) 고단한 인생사가 반영된 결과가 아닌가 싶다. 하긴 아름다운 꽃길도 누군가에겐 가꿔야 할 작업 현장일 뿐이다. 낭만 넘치는 낙엽길, 소복한 눈길도 청소부와 병사에겐 쓰레기 길인 것과 같이. 구천을 떠도는 영혼이 많다고 한다. 황천길도 녹록한 것 같지 않다. 사나 죽으나 험로를 걸어야 하는 것이 인간 숙명이 아닌지 어깨가 처진다.

인생길이 있다. 숨 쉬는 데 숨길이 있고 꿈에 꿈길이 있다. 손에 손길, 눈에도 눈길이 있는데 입길은 없다. '고운 눈길, 따뜻한 손길 보내되 말은 줄이라'는 계시가 아닌가 싶다. 그래도 '언로言路는 트여야 한다'고 한다.

내 인생 천 리 길도 분명 한 걸음부터 시작되었을 테다. 어느덧 황혼길에 접어들었다. 가속도까지 붙었으니 나도 곧 말로末路에 이를 것이다. 인도는 두 발로 걷는 길일 뿐 인간 도리와는 관계가 없지만, 천지에 널린 길과 보이지 않는 형이상학적 이치가 같은 길 도道 자를 공유하는 것이 참 이채롭다.

  나이 들어 알게 된 황종택 친구는 그의 『고전, 당신의 생각을 바꾼다』에서 중용中庸을 인용해 "성자천지도 성지자인지도誠者天之道 誠之者人之道"라 했다. '참을 행하는 것이 하늘의 뜻이요, 사람의 도리'라고. 또 회남자淮南子를 인용해 '난초는 깊은 골짜기에 있어도 향기를 품고, 군자는 알아주지 않아도 의를 행한다.'라고 했다. 진리와 진실은 항상 제자리 그대론데 그간 살아오며 군자로 살기도, 대로만 걷기도 참으로 쉽지 않았다.

  오늘도 또 이렇게 길에서 한 수 배우고 간다.

웬 날벼락

요사이 대한민국이 세계에서 가장 거리가 안전한 나라라는 칭송이 자자하다. 우리가 하는 얘기가 아니다. 한 번이라도 우리나라를 방문한 외국 여행객들 입에서 입으로 전해지는 얘기다. 책상이나 의자 위에 노트북이나 핸드폰을 놔두고 화장실에 다녀와도 아무도 손을 대지 않는 사실을 그들은 매우 신기하다고 한다. 하긴 가방으로 대신 자리 잡아 두거나 줄 세워 놓고 다른 일 하다 오는 사람도 부지기수니 특이하게 보일 만도 하다.

불과 십여 년 전만 해도, 점포 앞에 세워 둔 업무용 자전거가 자주 사라졌다. 몇 년 사이 세 대나 잃어버렸다. 그다지 비싼 것도 아니었는데 열쇠로 잠가둬도 그랬다. 번쩍 들고 가면 그만이었다. 그런데 언제부턴가 자전거는 더 이상 도난을 우려할 필요가 없었다. 실수로 자물쇠를 채우지 않고 며칠을 밖에 놔뒀는데도 아무도 가져가지 않았다. 아마 '따릉이' 자전거가 나온 뒤가 아니었나 싶다. 비슷한 시기 정보수집용 카메라와 자동차 블랙박스 등이 폭발적으로 증설되기도 했다. 그것이 도난방지와 치안에 큰 역할을 수행하지 않았나 추정하기도 한다. 길거리나 대중교통 실내에서의 폭력적 분위기도 피부로 느낄 수 있을 만큼 현저히 줄어 들었다. 예전에는 오거리파, 월드컵파 등 이른바 조직폭력단 이름을 많이 들을 수 있었다. 다들 음성화된 것인지 사라진 것인지 이제 영화나 드라마에서나 볼 수 있을 뿐, 서민들이 직접 대면할 일은 거의 없어졌다. 간혹 사우나에서 우람한 팔뚝과 등빨에 문신이 있는 분들을 보지만, 예전 같은 위화감은 느껴지지 않는다. 거리 조명까지 한결 밝아지면서 밤에 혼자 돌아다녀도 그다지 불안하지 않게 바뀌기도 했다. 확실히 치안은 좋아졌다고 판단된다. 우리를 다소 후진국이라고 여겼지만, 밤 여덟 시만 넘어도 외출을 걱정해야 하는 자기 나라에 비해 많이 달라진 우리 모습을 보는 외국인들이 부럽게 생각하는 것도 과장과 무리는 아니다.

  문제는 길거리 교통문화와 실태다. 1등 좋아하는 국민답게 우리는 오랫동안 교통사고 발생률 등에서 압도적 1위를 차지해 왔다. 다행스러운 것은 당국의 꾸준한 교통 인프라 투자와 홍보가 빛을 발하며 근래 그 불명예스러운 1등은 벗어나기 시작했다는 점이다.

교통안전공단에 의하면 2023년 교통사고 사망자는 2,551명이었다. 이는 차량 수가 현저히 적었던 1991년도에 비해 무려 87%나 감소한 수치라고 한다. 전년 대비로도 감소했다. 참으로 놀라운 변화가 아닐 수 없다. 더 반가운 것은 내가 사는 서울의 2023년 사망자 수가 전년 대비 18.6%나 감소했다는 사실이다. 1천 명당 사망자 수는 1.9명인데 이는 광역자치단체 중 가장 낮은 숫자고, 1명대로 진입한 첫 광역자치단체라고도 한다. 이런 극적 변화에도 아쉬운 점은 도쿄나 뉴욕, 런던 등 다른 주요 대도시에 비해 아직도 좀 높다는 점이다.

　이렇게 모든 수치가 긍정적으로 개선돼 가는 상황에 난데없이 서울 시내 한복판, 그것도 서울시청 바로 옆에서 아홉 분이 비명횡사하고 네 분이나 중경상을 입는 어처구니없는 초대형 교통사고가 터졌다. 그것도 운전 경력이 풍부하다는 60대 운전자에 의해. 사고 차는 무모한 역주행에다 인도까지 고속으로 돌진하며 습격했다. 이게 웬 날벼락인가. 운전자는 차량의 급발진을 얘기하고 예상대로 차량 제조사는 그런 일은 있을 수 없다고 주장한다.

　남 얘기 같지 않다. 나는 사고 운전자보다 나이를 더 먹었을 뿐만 아니라, 말 서두에 '운전은 자랑하는 게 아니라지만'이란 양념까지 곁들여 연식 빠른 면허증을 흔들며 걸핏하면 '35년 무사고'를 으스댔기 때문이다. 사실 조금만 들여다봐도 나의 '무사고'는 허세다. 거품이 많이 낀 것이다. 폭설이 내리던 날이라 서행은 했지만, 터널에 진입하자마자 꽉 막혀 선 차들에 화들짝 놀라 핸들을 꺾었는데 차는 터널 벽을 십여 미터 넘게 긁고 가다 멈췄다. 다행히 다른 차를 받지 않고 부상자도 없어 쉽게 끝났지만, 이것이 사고가 아니면 뭐가 사고인가. 외에도 기록에 남지 않는 접촉 사고도 여러 번 있었다. 아울러 블랙 아이스black ice 상태의 새벽 고속도로에서 50중 추돌사고가 계속 이어지는 상황에 가까스로 마지막 사고 차량 앞에 멈춰 서는 기적 같은 행운도 있었다. 간신히 사고를 면했지만, 지금도 등골이 서늘하다.

요즘 부쩍 운전대 잡는 게 두려울 때가 많다. 단독주택 지역 골목을 경유해 집에 드나들 때마다 불법 주차한 차들 사이에서 금방이라도 아이들이 튀어나올 것만 같다. 그런 한편, 아직도 매너 없다 싶은 운전이나 주정차 차량을 보면 우선 쌍욕부터 하고 보는 묵은 습관도 그대로다. 글로벌 스탠다드와는 거리가 멀다. 그뿐만 아니라 다초점렌즈를 끼고 루테인을 먹어도 가끔 교통표지판이 흐릿해 보일 때도 있다. 서둘러 면허증을 반납하고 이생에서의 운전을 마감할 때가 된 것이 아닌가 생각하기도 한다. 지나

친 포비아phobia(강박증)일까?

　괄목할 개선이 이뤄졌다고는 하나 치안에 비해 우리의 교통문화와 거리 안전은 여전히 갈 길이 멀어 보인다. 많은 사고가 운전 중 핸드폰 등 전자기기 조작이나 피로, 졸음 등에 의한 부주의와 관련이 있다고 한다. 과속, 음주 운전 등도 따지고 보면 안일과 우리 사회 조급증과 관련된 문제다. 같이 노력하면 얼마든지 개선할 수 있는 것들이다.

　그러나 나는 길거리 안전을 위해 무엇보다 중요하다고 생각하는 것은 인명을 최우선으로 하겠다는 대중의 확고한 각성이라고 본다. 공동체로서 같이 배려하고 양보해야 한다. 우리 모두 누군가의 소중한 자식이고 부모이듯 사고를 당한 분들도 같다. 그게 나는 아니란 보장이 어디에 있는가? 또 유족들은 지금 얼마나 절망하고 있을지 나는 가늠조차 하지 못한다.

　졸지에 유명을 달리하신 분들에게 운전자의 한 사람으로서 송구하다. 명복을 빈다. 아울러 나야말로 언제든 흉기로 돌변할 수 있는 자동차를 몰고 다닐 자격이 있는지 다시 성찰한다.

박기수 gui0804@hanmail.net
2018년 『한국수필』 등단
한국수필가협회, 참좋은문학회 회원

노란 카펫이 깔린 은행나무 아래를 자전거 타고 지날 때, 페달에서 발을 떼고 뱃구레에서 우러나오는 소리를 내며 달리고 싶다. 감탄사는 분명 자연이 내게 베풀어 준 감사일 거다.

회원 수필 — 2 —

박영재 두 번째 꿈터, 종로5가
        힘들고도 험한길

박효숙 끊임없는 붓질과 세심한 관찰
        두 개의 로또

서정문 지도에도 없는 길
        길, 기어이 가야 했던 길

양은주 끼어들기
        다시, 같은 길을 가다

두 번째 꿈 터, 종로5가

종로5가역 근처 굴국밥 집에 다녀왔다. 내 꿈을 찾아서 문턱이 닳도록 넘어 다녔던 동네다. 대학 선후배들의 조촐한 신년 하례식이 있었다. 나보다 나이 어린 선배도 있고 나이 많은 후배도 있다. 코로나 시국 이후 오랜만에 만남이었다. 난 16학번이다. 그리고 이곳은 나의 두 번째 꿈 터다.

오로지 나만의 꿈을 찾아 떠난 첫 번째 꿈 터는 청주였다. 그때는 내가 떠난 것이 아니라 엄마 손에 이끌려 갔다. 남의 집 식구 될 지지배를 유난스럽게 키운다며 그 당시 할머니는 사사건건 며느리를 힘들게 했다. 경제권을 할머니가 쥐고 있었기 때문에 어머니 뜻대로 할 수 있는 것이 아무것도 없었다.

스무 살 무렵, 어머니는 원비를 어떻게 마련했는지 나를 간호조무사 학원에 입학시켰다. 정말 꿈만 같았다. 어렵게 떠난 도회

지 생활이었기에 부모님 기대에 어긋나서는 절대로 안 된다는 생각이 항시 나를 따라다녔다.

연탄아궁이만 있는 기숙사 방에선 밥에 김치, 라면 국물만 있어도 진수성찬이었다. 아버지가 농협 조합장이셨던 희선이가 집에 다녀오는 날은 특별한 날이었다. 하숙집을 운영하셨던 희선이 어머니는 음식을 골고루 넉넉하게 챙겨 보내주셨다.

내가 개인병원에 첫 취업을 했을 때, 어머니는 무슨 과거라도 급제한 듯 좋아하셨다. 흰 가운을 입고 있으니, 딸이 의사라도 된 듯 동네 아픈 사람을 수시로 달고 나타나셨다. 한번은 이웃의 혹부리 아줌마를 데리고 왔다. 그 혹은 크기도 했지만, 무엇보다 목 중앙에 달려 있어 아주 불편해 보였다. 다행히 외과 전문의셨던 이희만 선생님의 수술로 감쪽같이 사라졌다. 어머니가 아니었으면 혹부리 아줌마는 아마도 평생 그 혹을 달고 살았을지도 모르겠다. 엄마가 1등 공신인 셈이다. 아줌마의 그때 표정을 아직도 잊을 수 없다. 얼마나 좋았으면 공짜로 수술한 것도 아닌데, 내가 시집갈 때 한몫하겠다고 떠들고 다녔을까.

두 번째 꿈 터는 이곳 종로다. 선배들 손에 이끌려 간 스터디교실에서 대학 생활이 시작되었다. 1번 출구로 빠져나와 직진하면 그리 멀지 않은 곳이다. 놀랍게도 이곳은 선배들의 재능기부로 수업이 이루어지고 있었다. 환갑이 넘은 나이에 공부를 시작하려니 막막하기만 했는데, 얼마나 고마운지 눈물이 났다. 교실은 작지만 언제나 활기가 넘쳐났고 사랑이 가득했다. 시시때때로 간식도 챙겨다 주었고, 기말고사 날은 따뜻한 차와 음료도 가지고 와서 응원해 주었다. 혹시라도 미처 유성펜을 준비하지 못한 학우들을 위해 펜까지 준비하는 자상함은 그야말로 감동이었다. 스스로 포기만 하지 않는다면 졸업할 수 있게 도와준다는 그 말을 믿고 따라나선 지, 4년 만에 졸업도 하였다.

졸업 후, 지금은 내가 선배가 되어 후배들을 위해 응원을 나간다. 나갈 때마다 처음 내 모습을 보는 것 같아서 가슴이 찡할 때도 있다. 그곳은 누구를 위한 일이 아닌 나 자신만을 위한 꿈 터였다. 광장시장과 혜화역이 가까이 있어서 늘 사람들로 북적였다.

졸업하자마자 코로나가 와서 오랜만에 나왔더니 역사 안이 말끔해졌다. 개찰구 앞 복권 매점과 상점들도 여전하고, 오가는 통로에서 더덕을 까서 팔던 할머니만 보이지 않는다. 내 평생 잊지 못할 고마운 선배들이 아직도 종로에 있다. 이 바쁜 세상에 남을 위해 시간을 내어 준다는 것이 어디 그리 쉬운 일인가. 여러 가지 사정으로 배움의 시기를 놓친 이들에게 그들은 희망의 빛이 되어 주고 있다. 그야말로 날개 없는 천사들이다. 모처럼 만난 선후배 모습이 여전히 활기차 보여 좋다.

세상은 아는 만큼 보인다고 하지 않던가. 이서원 교수의 신간 『오십, 나는 재미있게 살기로 했다』에서 저자는 인생은 몸과 마음의 이어달리기라며, 여태껏 열심히 달려온 몸이, 다음 주자인 마음에 바통을 넘겨줄 때란다. 지금까지 몸으로 생명을 유지해 왔다면 이제부터는 마음의 건강으로 살아야 한단다. 남의 삶을 숙제하듯 살던 일상에서 벗어나, 이젠 나의 삶을 축제하듯 사는 황금기로 나아가란다. 모두가 공감이 가고 마음에 와닿는다. 이제 나도 두 번째 꿈 터에서 얻은 지혜로 선배들 모습을 거울삼아, 누군가에게 조금이라도 보탬이 되는 삶을 살아보고 싶다. 다음 세 번째 꿈 터를 향하여….

힘들고도 험한 길

마석 모란공원이다. 음지라선지 초입부터 골짜기 바람이 매섭다. 햇살을 따라 좁게 난 울타리 샛길로 접어드니 소리 없는 함성이 들리는 듯하다. 묘역 사이사이 길로 들어서니 묘비에 새겨진 낯익은 이름들이 보이고, 가족처럼 내 마음이 먼저 그들 곁으로 다가간다. 구정 때 왔다 갔는데도 왠지 자주 오지 못한 것 같은 미안함이 앞선다. 오늘은 나의 하나밖에 없는 시누이, 노동운동가 최명아 마리아 열사 24주기 추모식 날이다. 강산이 두 번 변할 만큼 시간이 많이 흘렀는데도 내겐 아직도 영정사진 속 환하게 웃고 있는 36세의 모습 그대로이다.

시누이를 만난 것은 고등학교 2학년 때이다. 시누이와 함께 신혼생활을 시작하였는데 시동생 둘이 1년 간격으로 제대하고 합류하여 다섯 식구가 모여 살았다. 저녁이면 돼지고기 몇 점 넣은 김

치찌개 앞에 놓고 술잔이 오고 갔고, 종종 화투판이 벌어지기도 했다. 연립주택 3층에 살았는데 왜 그렇게 물이 잘 나오지 않았는지, 조금 떨어진 공동 우물에 가서 물을 길어오기도 하였다. 그럴 때는 힘센 남자들이 많으니 좋았다. 오빠 셋을 둔 시누이는 집안에서 외동딸이었다. 남아선호사상으로 할머니에게 딸이라는 이유 하나만으로 푸대접을 받고 자란 나와는 정반대로, 집안에서 귀여움을 독차지하고 있었다. 그 시절에 서울로 유학을 보냈으니 식구들이 거는 기대도 그만큼 컸을 것이다. 시누이는 명문대학에 합격했다. 누구보다도 시골에 계신 부모님께 가장 기쁜 소식이었다. 남편은 집안의 장남으로서 동생들을 잘 보살펴야 한다는 책임감이었는지, 동생들에 대한 애정이 남달랐다. 이것저것 챙겨가며 잔소리도 늘어갔고, 내겐 그것이 부럽기도 했다.

하지만 그 기쁨도 잠시, 시누이가 대학을 가고부터 달라지기 시작했다. 수업 끝나고 바로 와도 시간이 걸릴 수밖에 없는 거리였는데도 불구하고 그런 시누이에 대해 오빠들은 귀가 시간에 대해 아주 완고했다. 집안이 잠잠할 날이 없이 시끄러워지기 시작했다.

1980년대는 시대적으로 대학생들 중심으로 계엄 해제와 유신 세력의 퇴진을 요구하는 시위가 끊이질 않던 시기였다. 18년간의 군사정권이 무너지고 온 국민이 염원하던 민주화도 전두환의 군사 쿠테타로 좌절되고, 전국적으로 대규모 민주화운동이 전개되었다. 오랜 독재에 짓눌린 시민들의 민주화 욕구가 거세게 터져 나오자 신군부에서는 비상계엄령을 전국적으로 선포하였다.

남편은 동생이 한번 데모에 빠지면 빠져나오기 힘들고 학기 초에 운동권에 들어가지 않도록 막아야 한다는 생각이 아주 컸다. 오빠들이 정해놓은 귀가 시간은 늦어도 밤 9시였다. 살얼음판 같은 시간이 시작되었고 무엇보다도 시골에 계신 부모님을 생각하라고 거듭거듭 강조하였다. 그렇지만 시누이의 귀가 시간은 그 선을 넘어서기 일쑤였고, 오빠들과의 신경전은 날로 심해졌다. 온순하기만 했던 시누이가 어느 순간부터 오빠에게 따지며 대들기 시작했고, 지금이나 그때나 욱하는 성격이었던 남편이 차라리 집을 나가라며 앞에 있던 컵을 던져 버렸다. 순식간에 벌어진 일이라 어떻게 막아설 틈도 없었다. 근처 병원에서 몇 바늘 꿰매는 치료를 받고 돌아온 후 시누이의 행동은 더욱 과감해졌다. 운동권 대열에 합류해 앞장서면서 연행되기도 했고 감옥까지 드나들기 시작했다. 부모님은 눈물이 마를 날이 없었고 고향에서는 빨갱이라는 소문까지 돌았다. 들어가기도 힘든 대학인데 졸업도 하지 못하는 것이 아닌가. 식구들 걱정이 이만저만이 아니었다.

시누이는 대학에 들어가서 노동자들의 삶에 관심을 가지게 되었고 졸업하자마자 노동운동에 뛰어들었다. 여기저기 공장에 취업하여 노조를 결성하고 파업을 주도하다가 위장취업으로 해고되고 구속되는 일이 수없이 반복되었다. 노동자회를 결성하고, 교육선전부장, 조직부장을 지냈으며, 1995년 민주노총 결성과 함께 조직1부장으로 활동하였다. 재벌개혁과 고용안정을 위해 활동해 오던 중, IMF를 빌미로 각 사업장에서 부당노동행위가 자행되자 이를 해결하기 위해 동분서주하였다. 이런 과정에서 피로가 극심하게 누적되어 두통과 가벼운 안면마비 그리고 시력장애가 나타났지만 쉬지 못했다. 그 뒤에도 민주노총 임시대의원대회를 준비하고 정리해고 반대 투쟁을 위해 쉴 틈 없이 근무하다, 증세 악화로 진료를 받으러 가던 중 과로로 쓰러졌다.

　시누이 덕분에 태어나서 처음으로 교도소, 재판장도 가보았다. 어떤 날 면회 하러 갔더니 단식 투쟁 중이라며 그냥 돌아가라고 했다. 재판장에서의 잊히지 않는 특별한 날도 있다. 그날 시누이는 삼엄한 경비 속에 오랏줄에 두 손을 묶인 채로 들어왔다. 내가 처음으로 시누이가 하는 일에 대해 제대로 알게 되었고, 이해하기 시작한 날이다. 얼마든지 편안한 삶을 살아갈 수 있는데, 왜 그렇게 힘든 길을 선택하는지 나로선 이해가 되지 않을 때였다.

주어진 10분 동안의 발언은 관중석을 압도하였고, 기립박수를 수차례 이끌어 낼 만큼 논리적이고 감동적이었다. 그 내용을 안타깝게도 일일이 다 열거할 수 없지만, 내가 그동안 얼마나 부끄럽게 살아왔는지 반성하게 되었고, 시누이가 처음으로 자랑스럽게 느껴지는 순간이었다. 먹고 사는 일이 급급해서 비겁했던 나 자신의 모습이 떠오르고 뒤돌아볼 수 있는 기회도 되었다. 내가 그동안 얼마나 현실에 무지하게 살아왔는지 깨닫기도 했다.

시누이는 쓰러져 중환자실에서 2주간의 만남 시간을 우리에게 주고 떠났다. 마지막 가는 길을 배웅하러 밀려드는 각계각층의 사람들로 네 칸이나 되는 장례식장이 매일매일 가득 찼다. 찾아와 통곡하는 사람 중에는 외국인 근로자도 있었고, 가족보다 더 통곡하는 사람들을 보면서 그동안 집안에선 골칫덩어리였던 시누이가 어떻게 살아왔는지 느낄 수 있었다.

오빠들은 장례식 때 들어온 부조금을 바탕으로, 시누이 추모 장학회를 설립하였고, 매년 추모식 때 노동자 자녀나 집안 환경이 어려운 학생들에게 장학금을 지급하였다.

현재는 이렇게 지인들과 동료들이 참석한 가운데 조촐하게 추모식을 치르고 있다.

  피 끓는 삶을 살다 떠나간 민주열사들
  세상을 그토록 들썩들썩하게 살다가
  어떻게 이렇게 긴 침묵으로 일관할 수 있는지
  쉽게 떨어지지 않았을 발길을 떼어 놓으며 무슨 말이 가장 하고 싶었을까.
  그대들이 꿈꾸던 세상이 하루빨리 이 땅에서 이루어지길….

박영재 gamilra303@hanmail.net
『문학세계』 수필(2014). 『국보문학』 시(2015) 등단. 중랑문인협회, 다산작가회, 참좋은문학회, 한국수필가협회, 편지마을 회원.

끊임없는 붓질과 세심한 관찰

박효숙

〈박수근: 봄을 기다리는 나목裸木〉이라는 미술 전시회에 갔다. 소한이 지난 토요일, 기세가 꺾일 줄 모르는 코로나19로 몸과 마음은 닫았지만, 모처럼 문화생활을 즐긴다는 것에 기분은 한껏 들떴다. 덕수궁으로 가는 시청로에는 시위대로 왁자지껄하다. 길 양편에는 기다란 플래카드를 펼치고 확성기를 틀어 각각의 주장을 펼친다. 예방백신 반대 시위, 최근에 사면된 전직 대통령 환영 및 처벌을 요구하는 고성으로 어지럽다. 또 노동조합 시위도 한창이다. 모처럼 나온 서울 중심은 예상하지 못한 풍경으로 더 을씨년스럽다. 고궁 안에 들어서니 다른 세상이다. 고개만 들지 않는다면 고즈넉하니 산속에 있는 듯하다. 회고전이 열리는 국립현대미술관 입구는 방역 패스로 줄이 길다.

내부로 들어서니 마치 영화관인 듯 앞뒤 분간이 가지 않는다. 어두컴컴하다. 반면에 벽은 은은한 조명을 받으며 탁한 분칠사기

기법으로 표현된 작품이 전시되어 있다. 교과서에서나 봤던 진품이 눈앞에 있으니, 마치 오래전부터 그리워했던 누군가를 만난 듯 가슴이 뛴다. 거친 나무, 아기 업은 여인, 머리에 뭔가를 인 여인 등 낯익은 그림이다. 작가는 1914년 강원도 양구에서 태어나 초등학교만 졸업하고 미술교육은 전무하다. 독학으로 공부하여 거의 매년 미술 전람회(국전)에 출품하여 수상한다. 1965년, 미국 전시를 앞둔 51세에 타계하기까지의 작품이다.

  미술에 문외한인 내가 달리 감상할 실력은 못 되나 소도구들을 그린 작품에 눈길이 간다. 〈화구〉와 〈그림 재료들〉이라는 제목이다. 수채화용 물감과 붓 두 자루는 화구 그림이고, 스케치용 연필 네 자루, 귀퉁이가 닳은 지우개, 짜다만 튜브형 물감은 그림 재료들 소재다. 갑자기 화가가 부러웠다. '그들은 사방에 널린 것들을 그리기만 하면 작품이 되는 것이 아닐까'라며 흔한 것을 소재로 잡아낼 수 있다는 게 부러웠다. '화가는 근처에 있는 물건들이 다 작품 소재가 되니 글 쓰는 작가보다 쉽게 소재를 구할 수 있어 좋겠다'라는 생각도 해봤다. 나는 가까이 있는 노트북을 보고 쓸 수가 있나, 읽다가 만 책이 글거리가 될 수 있나. 나 같은 애송이는 소재를 얻기 위해 고민하고, 어렵게 글감이 생겨도 2천여 글자를 나열하려면 여러 날 진이 빠진다. 아니, 한계를 느껴 의기소침해진다. 깜냥도 안 되는데 글을 쓰겠다고 어울리지 않는 세계에 겁도 없이 발을 담갔다고 자책한다. 그러니 잠시 본 화가의 소재가 얼마나 부러웠겠는가.

작품을 자세히 보니 연필 네 자루의 심 굵기가 모두 다르다. 스케치를 바탕으로 한 그림에는 아마 두께가 다른 연필심을 사용했을 것 같다. 다양한 감정을 표현하고자 할 때 굵기가 다른 네 자루의 연필을 각기 사용하지 않았을까. 그 차이가 느낌을 다르게 표현할 수 있으므로 신중을 기해 연필을 선택한 듯싶다. 그분도 한 번에 작품을 만들지는 못했을 것이다. 수없이 많은 폐기와 덧칠을 거쳐 명화를 만들었을 것 같다. 화가의 탁한 기법은 전쟁이 끝난 뒤 모든 물자가 부족한 가운데 미술 재료들을 아끼기 위해 만들어낸 독창적인 기법이라고 한다. 저 기법이 나오기까지 얼마나 많은 시행착오가 있었을까. 노트북에 썼다가 쓱싹 지우는 나와 비교된다. 화가는 끊임없는 붓질과 세심한 관찰을 하는데 나는 과연 글쓰기에 얼마나 공을 들였을까. 타고난 재주도 없으면서 한없이 게으른 나를 돌아보게 하는 그림이다. 부러워했다가 이내 반성문이 되고 말았다. 〈봄을 기다리는 나목〉이라는 전시회 제목처럼 올봄 희망을 품을 수 있는 글을 그려보고 싶다.

두 개의 로또

조기퇴직 후 앞으로 할 일을 찾는 게 큰 숙제였다. 그는 사교적이지도 못한 데다가 더는 경제활동을 하지 않겠다고 선언했다. 덜컥 겁부터 났지만, 남아도는 긴 시간을 '어떻게 같이 보내야 하나'가 큰 고민이었다. 이리저리 생각하다가 농사를 짓자고 합의를 봤다.

어딘가에 땅을 마련하는 것이 우선이었다. 내성적인 그의 성격을 맞추기 위해서는 동네 사람과 교류하지 않는 후미진 곳이어야 하고, 밭으로 출퇴근해야 하니 집과 멀지 않은 곳으로 정했다. 그러나 막상 발품을 팔아보니 서울 근교는 땅값이 올라 월급쟁이로만 지낸 게 잘못 살아온 것이 아닌지 좌절감을 느끼고 빈손으로 돌아오길 여러 날이었다. 허탕 치는 횟수가 늘어날수록 서울에서 멀어지더니만 경기도를 지나 충북까지 내려왔다.

초겨울, 뒤는 야산이며 앞이 탁 트인 전망 좋은 밭을 마련하였다. 새 지저귀는 소리와 바람 소리, 멀리서 급하게 내달리는 차 소리만 이따금 들리는 적막강산이었다. 동네 확성기 방송 소리가 들리지 않아 마을 돌아가는 소식도 알지 못하는 곳에 조립식 농막을 배달시켜 놓고 인생 2막을 시작하였다. 마을 주민이 되는 것은 원하지 않았지만, 농사를 지으려면 조합원 자격으로 농협에서 주는 혜택을 받아야 한다기에 주민등록까지 옮겨 놓고 이장님 댁에 찾아가 공손하게 전입 인사를 드렸다.

이듬해 봄, 씨앗과 모종을 들고는 가을걷이의 부푼 꿈을 꾸면서 시골로 향했다. 밭 초입에 작은 소류지와 논 사이 이백여 미터의 길 좌우로 나무가 일렬로 도열해 있는 것이 이제야 눈에 띄었다. 처음 밭을 보러 왔을 때는 앙상해서 눈여겨보지 않았는데 은행나무인 거다.

중학교 국어책에 「가로수」라는 수필이 있었다. 정확한 내용은 기억나지 않으나 만주에서 자매가 가로수가 무성한 길을 걸을 때의 느낌이 기록된 것 같았다. 다른 것은 회색빛 기억이지만 은행나무 잎이 노랗게 있었던 길은 마치 내가 당시 그 거리에 있었던 것처럼 총천연색이다. 컬러 사진을 본 듯 아직도 여운이 남아 있다. 마침, 그때가 시골에서 서울로 전학을 와 외로움과 낯섦에 힘들 때라 타국에서의 두 자매가 마치 나를 대신하는 것 같아 동병상련을 느꼈다.

신지식 선생님! 작가 이름은 지금까지도 또렷이 기억한다. 이름이 특이해 여성이라는 것까지도 애써 외웠다.

고등학교 1학년, 작문 시간이었다. 첫 시간에 들어오신 선생님이 자기소개를 하셨다. '신지식'이라고 했다. 얼마나 설레었는지. 교과서에서나 봤던 작가를 바로 눈앞에서 보다니. 첫날 수업은 교실이 아니고 좋아하는 스포츠팀 경기하는 현장으로 온 듯했다. 어렵게 왔는데 내가 응원한 팀이 강팀을 이기기까지 한 듯, 한 시간 내내 숨이 멎는 줄 알았다.

선생님이 쓴 안경은 아랫부분이 더 좁아 보이는 금테 안경이었다. 자분자분한 목소리라 졸 수도 있었지만, 안경테 위아래가 바뀐 것 같아 보는 내내 신경이 쓰여 오히려 수업에 집중했던 생각이 난다. 설렜던 한 학기 동안 선생님은 원고지 쓰는 법을 가르쳐 주며 '신호등'이라는 주제로 글을 써오라는 숙제를 내주셨던 기억이 있다.

농막 들어가는 둑에 자잘한 은행잎이 돋을 때의 새순은 잼잼놀이 하는 아기 손 같다. 바람결에 살살 흔들리는 나무 아래를 지날 때는 손해 보는 농사를 짓기 위해 이른 새벽부터 이곳까지 내려온 내외를 격려하고 환영하는 몸짓 같았다. 늙수그레한 모습으로 오는 부부를 '누가 뭐래도 그동안 열심히 잘 살았다'고 우리의 지나온 세월을 많이 안다는 듯 반겨주는 모습이어서 위로를 받았다.

도착하면 어설픈 농사일을 종일 하다가 저녁에 상경하는 고달픈 하루였지만, 은행나무 길로 들어서면 친정집 지붕이 보일 듯하였다.

농사로 지쳐가던 가을, 이른 아침에 내려가니 밭 입구에 밤새 노란 카펫을 깔아 놓았다. 인적이 드문 곳이라 우리만 특혜를 받는 것 같았다. 멀리서 보니 파란 하늘을 배경 삼아 봄 개나리 못지않은 색깔로 서 있는 은행나무는 액자 속에 있는 명화名畵였다. 일부러 차에서 내려 걸었다. 신발부터 온몸으로 노랗게 물이 들어 오른다. 나무와 내가 그리고 길이 한 몸이 되었다. 밭만 구입한 줄 알았는데 은행나무 길까지 덤으로 얻었다. 횡재했다. 절대로 맞지 않아 '남편을 로또'라 한다더니만, 남편 덕분에 이 길이 로또였다. 이제 보니 나는 당첨된 두 개의 로또를 갖고 있는 거였다.

농부 5년 차인 올해, 작은 바람이 생겼다. 노란 카펫이 깔린 은행나무 아래를 자전거 타고 지날 때, 페달에서 발을 떼고 뱃구레에서 우러나오는 소리를 내며 달리고 싶다. 감탄사는 분명 자연이 내게 베풀어 준 감사일 거다. 이 길은 추억과 위안과 꿈을 준다. 당첨 확률이 800만분의 1이라고 하는 로또에 맞아도 과연 이런 느낌이 들까.

박효숙 komjirak89@hanmail.net
2020년 『한국수필』 등단
한국수필가협회, 참좋은문학회 회원

지도에도 없는 길

서정문

회원 수필 2

　지나온 길이 아득하다. 벌써 군 생활의 길에서 벗어난 지 10년이 넘었다. 도저히 끝이 보이지 않던 길이었는데, 벌써 강산이 변할 만큼 시간이 흘렀다니. 문득 군복을 입고 마지막 신고를 하던 사진이 낯설기도 하다. 내가 언제 군 생활을 했던가. 그 오랜 시간 동안 군복을 입고 있었던가.

　육사생도 3학년 시절, 여름방학이면 광주 동복 유격장으로 유격훈련을 갔다. 뜨거운 여름날이라 무더위는 절정에 이르렀고, 훈련은 항상 그 시기에 있었다. 일주일간 지리산 속에서 밤낮으로 걸어가야 했다. 우리는 동기생 여섯 명이 한 조가 되었다. 지도 한 장과 나침반이 주어지고, 독도법讀圖法을 활용하여 다음 목적지까지 정해진 곳을 찾아가야 했다. 내가 조장의 역할을 맡았다. 조장이라야 지도에 표시된 지점을 실제 지형에서 정확하게 찾아내어 그곳을 찾아가는 것에 대한 책임을 맡은 것뿐이다. 지도를 가운데 두고 조원들이 머리를 맞대고 찾아갈 위치가 어디인지를 확인하였다. 그렇게 정해준 장소를 시간 안에 찾아가야 거기서 식사하고 다시 다음 목적지로 출발할 수 있었다.

첫날은 더워도 그렇게 더울 수 없었다. 길도 없는 산골짜기에 길을 만들면서 걸었다. 너무 덥고 갈증이 나서 더는 갈 수가 없는 상황, 조원들은 나무 그늘에 앉아 서로 지친 모습을 물끄러미 바라보았다. 조금 쉬고 나서 독려했다. '그래도 우리는 걸어가야 한다'라고 하면서 앞장을 섰다. 골짜기를 따라 높은 산으로 천천히 올라갔다. 땀이 비 오듯 하여 온몸이 땀으로 젖어 들었다. 아무도 말하지 않고 묵묵히 걷기만 하였다. 산에 올라갔다가 다시 골짜기를 따라 내려갔다. 그렇게 산을 몇 번 오르내려서 점심시간이 얼마간 지난 시간에야 겨우 1차 목적지를 찾아갈 수 있었다. 우리보다 몇 개 조가 먼저 와서 이미 식사를 마치고 쉬고 있기도 하고, 다음 장소로 출발한 조도 있었다. 서둘러 늦은 점심을 먹고 쉬지도 못하고 다음 목적지를 향해 출발했다.

오후의 햇볕은 너무나 강해 수통에 채운 물을 모두 비운 지 오래되었다. 아직 여름 해는 산을 넘지 못하고 우리의 등 뒤에서 뜨거움을 전해주고 있었다. 작은 시골 마을을 지날 때, 오래된 펌프에서 물을 푸는 아주머니를 보았다. 조원들을 담벼락 옆에 쉬게 하고 수통을 거두어 그분에게 '물을 좀 줄 수 있느냐?'라고 물었다. 그분은 '얼른 담아가라'고 하면서 시원한 물을 바가지에 담아 주셨다. 우선 한 바가지를 마시고 나서 수통에 채웠다. 함께 간 동기와 같이 수통을 들고 조원들이 쉬고 있는 곳으로 돌아와 나누어주었다. 조원들도 서둘러 시원한 수통의 물을 마셨다. 그러고는 다시 논둑길을 걸었다. 마을을 지나가고 다시 산길이 나왔다. 소나무 숲을 지나 작은 오솔길을 따라 또 산을 올랐다. 얼마나 지났을까. 해는 이미 지고 어둠이 깊어졌다. 함께 걷던 조원 중 한 명이 잘 걷지 못하고 발을 절룩거렸다. 그 조원의 짐을 나누어 들고 우리는 다시 어둠을 짚어가며 산짐승이 걸었을 희미한 오솔길을 걸었다.

가도 가도 목적지는 나올 것 같지 않았다. 모두가 지쳐서 더 이상 걸어갈 수 없는 상황까지 이르렀다. 그래도 걸어야 했다. '저 어두운 낮은 산만 넘으면 우리가 가야 할 목적지가 보일 것 같다'라고 하며 선두에서 조원들을 이끌었다. 지친 조원들은 오솔길 양옆에 누워 휴식을 더 하고 가자 하였다. 조원들을 두고 혼자 길을 나섰다. 저 멀리 작은 불빛을 본 듯했다. 그곳으로 힘을 내어 걸었다. 거기서 기다리는 조교를 확인하고 다시 돌아와 조원들에게 '저 작은 산을 넘으면 목적지가 나온다'라고 하면서 일어나 다시 걷기를 재촉했다. 새벽이 되어서야 겨우 목적지에 도착하고, 잠시 눈을 붙일 수 있었다.

그렇게 산을 거슬러 올라가고 내려가는 일이 반복되었다. 지치기도 하였지만, 모두 힘을 내어 무사히 그 일주일을 견뎌냈다. 검게 탄 얼굴에 스미는 미소가 어려움을 함께 극복한 동료의식으로 이어져 나왔다. 비록 몸은 힘들고 땀이 비 오듯 했지만, 그런 일을 같이 이겨냈다는 것에서 오는 희열감이 더욱 커졌다. 그렇게 그 여름이 가고, 우리는 몸도 마음도 탄탄해져 태릉으로 돌아갔다.

살아가면서 앞이 잘 보이지 않을 때면 가끔 그 산속이 생각났다. 높은 산을 보면 그때 눈부시게 작열하던 태양이 생각나기도 한다. 힘이 들면 그 극한의 상황에서도 잘 극복해 낸 그때를 생각하면서 힘을 내 본다. 어둠 속에서 아무것도 보이지 않던 날, 가도 가도 끝이 없던 밤, 보이지 않는 길을 만들어가면서 걷던 일. 함께라는 것만으로도 서로에게 힘이 되고 서로 의지가 되던 밤. 그리고 희뿌옇게 밝아오는 새벽에 보이기 시작하던 작은 풀숲의 오솔길. 누군가 먼저 걸어간 사람들의 희미한 발자국들. 그래서 우리는 그 희미함에서 시작하여 다시 길을 찾아 나서며 힘을 내던 시간. 살다 보니 그 순간들이 어려운 일을 만날 때마다 재삼 생각났다. 그리고 그 시간을 이겨낸 걸 거울삼아 현재를 잘 이겨내려 노력해 왔다. 오르고 내려가는 일들. 길이 없는 곳에서도 나무와 풀을 헤치며 앞으로 걸어 나가던 시간. 앞사람이 간 희미한 풀숲 길을 헤치며 새 길을 내어주던 시간. 그 여건 속에서도 오로지 앞으로 나가던 그날들이 간혹 머릿속에 남아있다.

북극성을 바라보고, 북두칠성을 찾아보고, 나무가 자라는 무성한 곳이 어딘가를 살펴보고, 낮은 곳부터 높은 곳까지 찬찬히 보면 분명 그 속에서 가야 할 길을 찾아낼 것이리라. 간혹 되돌아오는 시간도 없지는 않았지만, 다시 실수하지 않도록 마음을 다잡고, 늘 긍정의 마음으로 길을 나섰다. 길이 없으면 길을 만들어갔다. 그러면 희미하지만 길은 어디서든 반드시 나타났다.

돌아보면 삼십칠 년간 군복을 입고 살았건만, 영화관의 필름처럼 순식간에 그 시간이 지나가고 말았다. 벽장에 걸린 육사생도 정복과 예복이 오늘따라 새삼 신선하게 보인다. 저 제복을 입고 다녔던 화랑대의 교정, 저 예복을 입고 힘차게 걸었던 화랑 연병장의 너른 잔디가 생각난다. 저녁이면 산책하는 집 앞 강변 둔치의 너른 잔디밭을 본다. 행진하던 그곳처럼 느껴질 때가 있다. 저녁노을이 붉게 강변에 내리고 천천히 어둠 속으로 강물이 흘러가고 있는 게 보인다. 반짝이던 물결도 점차 어둠 속으로 사라져 간다. 길은 하늘로 올랐다가 새벽이면 이윽고 이 지상으로 다시 내려올 것이라 믿는다.

길, 기어이 가야 했던 길

서정문

회원 수필 2

    그런 이야기를 한다. '안동은 안개도시'라고. 1976년경에 안동댐이 생기고, 이어서 임하댐까지 생기다 보니 곳곳에 물이 흔하여 여름에도 안개가 만들어지고 있다. 저녁에 강변을 산책하러 나갔는데, 갑자기 안개가 가로등을 덮고 눈앞 느티나무가 순간 희미해지더니 짙은 안개가 온 강변을 덮었다. 일 미터 앞도 잘 보이지 않을 정도의 두꺼운 안개가 몰려와서 갑자기 안개 속에 갇힌 신세가 되었다. 강물 소리는 여전히 들리는데 그 물소리 따라 안개가 몰려와 일순 세상이 하얀 구름으로 들어간 느낌이었다. 천천히 길을 가늠하여 그 속을 걸어 나왔다. 도로 둑길까지 오니 차츰 길의 모습이 보이기 시작했다.
    살다 보면 안개 속을 걷는 것처럼 앞이 잘 보이지 않을 때가 있다. 어디로 가야 제대로 가는 것인지 알지 못해 서성이는 경우가 있다. 그런 암울한 때에 그 안개를 잘 헤쳐갈 지도자 역할을 한 사람이 있다. 어디로 가야 할지 알지 못하는 때에 길을 찾고 그 길로 이끈 사람이다. 임청각 아흔아홉 칸 고택에서 개막한 '서간도 바람 소리' 연극의 주인공 석주 이상룡이다.

　무대 장치를 따로 만들지 않고 실제 건물과 장소를 이용하여 공연한 연극이었다. 조명과 음향을 사용한 것을 제외하고는 모두 임청각의 실제 건물을 중심으로 연극이 진행되었다. 석주 이상룡의 이야기이다. 안동의 오래된 집, 임청각을 남겨두고 온 가족들이 서간도로 떠나는 장면, 104명이나 되는 종들을 방면하고 노비문서를 불태우는 장면, 서간도에서 먹을 게 없어서 고생하는 장면, 여러 사람들을 먹여 살리기 위해 결국 임청각을 팔아야 하는 장면, 석주가 결국 임시정부의 국무령이 되는 장면까지. 관객은 마당의 작은 의자에 앉아 연극을 관람하였다.

　나라 잃은 설움을 견디면서 서간도에서 독립운동을 하는 사람들. 식솔들을 모두 거느리고 만주에 가서 독립운동하는 사람들. 먹을 게 없어서 허기진 사람들. 가야 할 길이 잘 보이지 않아 길을 찾지 못하는 사람들. 그러나 기어이 가야 할 길이기에 어려움을 마다하지 않고 그 어려운 길을 개척하는 사람들. 자주독립은 그렇게 힘이 들지만, 기어이 가야 하는 길. 그 길 위에서 고난을 극복하고 어려운 가시밭길을 서슴없이 걸어갔던 사람들. 그렇게 하기 위해서는 누구나 할 것 없이 서양 학문도 배우고 깨우쳐서 제대로 알아야 한다는 것을 실천하기 위해 신학문 수용에도 앞장섰던 사람. 그가 바로 '석주 이상룡'이었다.

헐벗고 굶주린 사람들을 위하여 결국 고향의 유서 깊은 집, 아흔아홉 칸의 '임청각'도 팔아야 했던 상황. 나라를 구하고 살리는 데, 그런 활동에 앞장섰던 사람들을 구하는 데 모든 것을 아끼지 않았던 정신, 그 강건하고 굳건한 마음이 오늘의 대한민국 기틀이 되고, 터전이 되지 않았을까. 힘차게 태극기를 흔들며 노래하는 배우들의 모습에 절로 가슴이 먹먹해진다. 목이 터져라 외치는 목소리에 마음이 울컥해진다. 지금 누리는 이 풍요와 자유가 바로 그들의 그 정신과 행동에서 비롯되었다는 것을 생각하면 자유가 얼마나 소중하고 나라가 얼마나 귀중한 것인가를 재삼 느낀다.

연극을 관람하기 전 '사람과 문화'의 김 대표와 임청각 대청마루에 잠시 앉았다. 오백 년 동안 꿋꿋하게 자리를 지킨 임청각, 6·25의 전란 속에서도 고스란히 살아남은 건물이다. 마루에 앉으면 울퉁불퉁하면서도 짜임새가 맞는 오래된 마루가 보인다. 나무가 가진 틈새와 옹이까지 자연스러운 모습으로 시간을 이어가고 있다. 약간은 틈이 보이지만, 그 틈이 바로 여유와 배려로 보인다. 나무로 만든 대청마루의 바닥에 보이는 저 틈. 바로 옆에 가지런하게 선 문. 그 문의 틈새 사이로 빛줄기가 가늘게 들어오고 있었다. 그늘 속에서도 늘 있던 서늘한 빛, 그 빛으로 인해 어둠과 그늘은 더 돋보인 것이 아닌가 생각한다. 오랜 시간을 잘 견뎌온 진한 나무의 향기가 천천히 온몸을 감싸왔다.

일제가 임청각을 가로질러 부설했던 철로도 이제는 걷히고 없다. 그 철로를 통해 일제는 많은 물자를 실어 본국으로 날랐고, 전쟁의 도구로도 이용하였다. 지금은 녹슨 흔적을 지우지 못한 채 잘린 교각이 군데군데 옛 기억을 되살리게 해주고 있다. 철로가 걷힌 자리엔 가지런한 황토 산책길이 새로 자리를 잡았다. 길은 그렇게 앞 강과 어깨를 같이하면서 안동 시내를 따라 이어지고 있다. 연극이 끝난 군자정 앞에서 강을 바라보면 건너편에서 내리는 불빛으로 강은 온통 반짝인다. 아침 햇살이 뜨는 시간이면 저 강에 은빛 윤슬이 가득하리라. 연극의 여운이 아직 남았는지 쉽게 임청각을 떠나지 못하는 사람들이 많다. 더러는 연극배우들과 사진을 찍고 더러는 임청각의 마루에 앉아보기도 한다. 마당 앞에 피어있는 무궁화꽃, 어둠 속이지만 환하게 빛나고 있다.

연극을 관람하는 동안은 석주 이상룡과 함께 서간도로 떠난 느낌이었다. 연극배우들이 어두운 밤길을 헤치다가 넘어지고 쓰러지는 모습이며, 세찬 바람 속을 뚫고 걸어가던 길, 가도 가도 끝이 없던 길, 결국 도착한 곳에서 매서운 추위를 이기면서 독립을 위해 불철주야 노력하던 모습들이 생생하게 느껴졌다.

안개가 천천히 임청각 앞 강에 피어오르기 시작했다. 강물이 뿌옇게 그 형체가 사라지고, 나무들이 안개 속으로 사라지기 시작하였다. 가는 빗줄기가 내리기 시작하면서 모든 것이 안개 속으로 젖어 들기 시작하였다. 앞 철로가 있던 길도 천천히 사라져 가고, 임청각의 누각도 안개 속으로 잠겨갔다. 그러나 그 길은 그 자리에 있으면서 다시 갈 방향을 잡아줄 것이다. 지금 잠시 안개에 잠겨 보이지 않지만, 늘 그 자리를 지키면서 가야 할 곳으로 안내해 줄 것이다. 천천히 빗속을 걸어, 한 치 앞이 보이지 않는 임청각을 나서 어둠 속으로 발을 옮겼다. 몇 걸음 앞밖에 보이지 않아도 걸어가야 할 길이 거기 있었다.

서정문 poet0725@hanmail.net
2015년 『한국수필』 1990년 『우리 문학』 시 등단
한국수필가협회, 참좋은문학회 회장 역임
시집 『지도에도 없는 길』 외 2권
전쟁문학상, 서초문학상 수상

끼어들기

 빠르게 달리던 차가 곧 멈출 듯이 느려진다. 형체 없이 스치는 창밖의 모습과 속도를 맞춰가자 이제야 풍경이 눈에 들어오기 시작한다. 잠시 찾아온 여유는 여기저기서 들려오는 경적과 도로를 채운 붉은색 브레이크 등과 함께 급하게 달려온 길에서 잠시 쉬어가라고 재촉하듯 말하고 있었다. 어느새 차는 걸음보다도 느리게 가고 있었고, 앞으로 나아가지 못하고 정체되어 있는 차선에 갇혀 있었던 것은 여기저기서 끼어드는 다른 차량 때문이었다. 시간이 멈춘 듯 일시 정지된 화면과 같았던 도로가 다시 움직이기 시작한다. 정체를 벗어나려는 깜빡이의 똑딱똑딱하는 소리만 차 안을 가득 채우고 있을 때, 잠시 눈을 감은 나는 몇 년 전 병원 생활을 하던 때로 돌아가고 있었다.

 가족 중 누군가가 아프다는 것은 빠르게 달리는 도로에서 정지

신호를 만난 것과 같은 상황이다. 막힘없이 달려왔던 길 한가운데 였다. 돌아갈 길도 보이지 않고 뒤를 돌아보면 잔뜩 늘어선 차들만이 나를 쫓아오듯 따라오고 있었다. 내가 할 수 있는 일이라고는 시간을 지체할 수 없이 빠르게 앞으로 나가는 일뿐이었다. 잠시 기다리는 시간조차 없었던 그 순간, 우리가 할 수 있는 일은 수술에 동의하겠다는 서명뿐이었다.

 아버지와 생후 8개월이 갓 지난 어린 딸아이는 그렇게 수술대에 올랐다. 평범하게 지내오던 일상은 한순간에 무너졌고 대기실에서 수술이 끝나기만을 기다리는 가족은 더는 낯선 사람들이 아니었다. 우리는 모두 같은 바람을 가지고 기도를 하며 그렇게 시간을 함께하고 있었다. 8년 전 아버지의 그리고 3년 전 아이의 수술과 투병 생활을 통해 만난 사람들은 모두 그러하였다. 알 수 없는 기계음과 의학용어들이 가득한, 모든 것이 낯선 병원 환경에서 익숙하게 간호사와 대화를 하고 병실의 보호자와 서로 의지하게 된 것은 오래 걸리지 않았다. 돌아보면 빠르게 막힘없이 달리던 지난 몇 년간의 삶에 끼어들기를 하며 급브레이크를 걸고 멈췄던 것은 나뿐만이 아니었다. 내가 제일 힘들다고 생각하며 위로받기를 바랐지만, 어느 순간 나 역시 누군가를 위로해주고 있었다. 가족의 병간호로 몸과 마음이 모두 지치고 여유가 없던 그때, 아이러니

하게도 마음에서는 주변을 돌아볼 공간이 조금씩 생기고 있었다.

  삶에 끼어들기를 겪었던 그 순간, 지금의 내 삶에 끼어들기를 했던 많은 일이 결국은 알지 못했던 삶과 사람들을 만나게 해주었다. 막힘없이 달려온 시간을 돌아보라는 깜빡이와 같은 신호였을까, 그동안 생각하지 못했던 삶은 특별한 사람들이 겪는 특별한 일이 아니었다. 우리와 멀지 않은 곳에서 평범하게 일어나고 있었다. 평범한 삶에서 벌어졌던 사건은 깜빡이도 없이 예기치 않게 끼어드는 차 때문에 사고가 나기도 하고 속도를 낮춰 끼어드는 차를 비켜줘야 할 때 생기기도 했다. 도로에서 벌어지는 많은 현상이 그저 누구에게나 일어나는 특별하지 않은 일인 것처럼 하루에도 몇 번씩 스쳐 지나가고 있었다.

  다시 눈을 뜨니 어느새 정체는 풀리고 다시 차는 빠르게 달리고 있었다. 뒷자리에 앉아 있던 아이들은 어느새 잠이 들었고 익숙한 목적지 근처가 눈에 들어오기 시작한다. 병원에서 만났던 많은 사람이 창밖의 풍경만큼이나 빠르게 스쳐 지나간다. 그리고 내일 또다시 나는 다시 경적이 울리고 끼어드는 차들이 가득한 도로 속에 있을 것이다.

다시, 같은 길을 가다

양은주 | 회원 수필 2

　넓은 승강장을 가득 메우고 있던 분주한 사람들의 소리를 뚫고 성수행 열차가 들어오고 있다는 안내 방송이 들린다. 간발의 차이로 이전 열차를 놓쳤던 터라 멀리서부터 보이는 열차가 유난히 더 반갑게 느껴진다. 두 아이의 출산과 육아로 인한 '경단녀' 시기를 지나 다시 직장생활을 하게 되면서 매일 오가게 된 지하철역은 집만큼이나 친숙한 곳이 되었다. 특히 2호선은 20여 년 전, 나의 대학교 등굣길을 책임져주었던 것처럼 지금은 출·퇴근길을 함께하는 든든한 발이 되어 주고 있다. 익숙한 지하철을 매일 타고 내리면서 어느새 20대의 대학생이던 나는 40대의 직장인이자 아이 엄마가 되어 있었다.

　공무원이셨던 아버지는 30여 년을 종로로 출·퇴근하셨다. 나처럼 아버지 역시 지하철을 타고 다니셨는데, 내가 고등학생 때엔 퇴근하시는 아버지를 같은 객차에서 만나 깜짝 놀란 적도 있다. 평생 공직에 몸담고 정년퇴직한 아버지는 처음 직장을 평생직장으로 생각하며 다니셨다. 아버지 세대의 분들은 대체로 한 직장을 오래 다니셨기에 아버지가 특별한 경우는 아닐 것이다. 하지만 지금의 청년들은 다소 다르다. 평생직장이라는 말이 사라지고 있다는 것은 뉴스나 신문에서도 자주 볼 수 있는데, 적성과 조건에 맞는 직장을 찾으며 옮기는 것이 흔한 일이 되었다. 직장뿐만 아니라 '업' 자체를 바꾸기도 하는데 주변에서도 대학 전공과는 다른 길을 가는 경우를 많이 보게 되었다. 가업을 잇는 일이 신문에 나올 정도로 화제가 되기도 하니 사실 부모님과 같은 직업을 선택하고 비슷한 업계의 길을 가는 것은 흔한 일이 아니다. 나 역시 마찬가지이다. 건축설계를 전공하고 건축 분야의 회사에 다니면서 아버지와 같은 길을 갈 것이라는 생각은 전혀 하지 않았다. 직업에 있어서 아버지와 나와 접점이 있을 거로 생각하지 않았기에 우연한 기회에 아버지와 같은 공무원의 길에 들어섰을 땐 보이지 않는 끈이 나를 이끈 것이 아닐까 하는 생각이 들었다. 특히 아버지의 흔적을 찾았을 때는 같은 직업을 가졌다는 것 이상의 특별함이 있었다.

퇴직 공무원을 검색할 수 있다는 것을 인식하게 된 것은 일을 시작하고도 한참 지나고 나서였다. 회사 내부 시스템에서 이름만 알면 재직하거나 퇴직했던 공무원들을 검색할 수 있었는데 업무와 관련이 있을 때만 이용하던 시스템이었다. 바쁘게 일하며 유난히 정신이 없었던 순간이었다. 처리해야 할 일에 대한 고민이 머릿속을 채우고 있던 그때, 갑자기 퇴직 공무원인 아버지를 검색할 수 있다는 생각이 스쳐 지나갔다. 무엇에 홀린 듯 순식간에 시스템에 접속하여 한 글자씩 아버지의 이름을 화면에 입력해 보았다. 떨리는 마음으로 클릭하는 순간 모든 세상이 잠시 정지화면이 되어 버렸다. 검색 결과를 보여주는 화면에는 지금의 나보다 나이가 적은 젊은 시절 아버지의 모습과 함께 소속 부서, 그리고 무수히 많은 사람들과 통화를 하셨을 아버지의 사무실 번호까지 나와 있었다. 영정사진으로 남아 있는 아버지의 증명사진과는 사뭇 다른 모습이었다. 건강한 모습으로 모든 일을 유능하게 해내며 퇴근 후에는 어린 자녀들을 돌보았던 젊은 시절의 아버지는 그렇게 회사 시스템 속에서 나를 기다리고 계셨다. 검색된 화면을 사진으로 찍어 어머니와 오빠에게 보내주고 화장실에서 한참 울고 나서야 차분하게 아버지께 말을 건넬 수 있었다. 아버지와 같은 길을 가게 돼서 그리고 이렇게 만나게 돼서 정말 좋다고 말이다. 우연히 왔다고 생각했지만 아마 아버지가 나를 이 길로 이끌어 주었고, 많이 늦었지만 잘 찾아왔으니 멀리서도 기특하게 생각해 달라는 말도 함께 전하고 나서 비로소 검색 화면을 닫았다.

다시 2호선을 타고 같은 길을 가고 있다. 어제와 같은 하루가 시작되고 지하철에 몸을 싣고 잠시 눈을 붙였다가 떠보면 어느새 익숙한 길을 부지런히 걷고 있다. 사무실에 도착해서 컴퓨터를 켜는 순간, 존재만으로도 든든한 아버지와 함께하는 시간이 시작되기에 출근은 아버지를 만나러 가는 시간이 되었다. 9년 전 우리 곁을 떠난 아버지를 다시 만난 지 2년여가 되었고, 볼 수도 말할 수도 없지만, 이제는 9년의 세월이 아픈 시간으로만 채워지고 있지는 않다. 일하다가 힘들 때면 언제든지 아버지를 찾을 수 있기에 아버지와 같은 길을 가고 있다는 것만으로도 큰 힘이 되고 있다. 이렇게 아버지와의 새로운 시간을 차곡차곡 쌓아가며 오늘도 나는 아버지와 같은 길을 가고 있다.

양은주 eundew@naver.com
2019년 『한국수필』 등단
한국수필가협회, 참좋은문학회, 편지마을 회원
한국수필 신인 작가상(2019) 수상

바람은 스치는 것만으로도 흔적을 남긴다. 그것이 실바람이든, 회오리바람이든, 태풍이든…. 발걸음도 흔적(발자국)을 남긴다.

회원 수필 ─ 3 ─

오서진 한 뼘 사이
 사람과 함께 사람 속에서

윤윤례 밤길
 그가 택한 길(전태일 평전)

이동석 함께했기에 가능했던 길
 고구마 먹은 심정

이종극 길을 묻다
 파주 가는 길

한 뼘 사이

오서진

회원 수필 3

　엄마는 무지개를 낳으셨다. 빨·주·노·초·파·남·보 일곱 색깔 무지개(아들 셋, 딸 넷). 수양딸 하나를 더 품어 엄마의 무지개는 여덟 색깔이 되었다. 다양한 색깔만큼이나 성격도 울퉁불퉁. 이렇게 여덟이나 되는 자식을 엄마는 어떻게 다 거두며 살아 내셨을까. 그것도 마흔아홉 일찌감치 혼자된 몸으로….
　가끔 그 많은 자식을 어떻게 다 키웠느냐고 물으면 "키운 게 아니라 다들 알아서 컸지." 하며 알 수 없는 감정을 긴 한숨과 함께 토해내곤 하셨다. 그 한숨이 오래 묵힌 아쉬움이라는 걸 나도 엄마가 되고 나서야 알게 되었다. 살면서 어려움이 닥칠 때마다 엄마의 삶을 떠올리면 내 어려움이 엄살처럼 느껴져 스르르 녹아버리곤 한다.
　엄마는 말보다 눈빛과 침묵 언어를 사용하는 분이셨다. 눈빛과 침묵은 엄마의 모든 감정이 압축된 파일이었다. 침묵의 정도에 따라 엄마의 속상함을 가늠했고, 눈빛의 강도에 따라 화의 단계를 예측해 숨을 죽이곤 했다. 어떨 땐 차라리 몇 대 맞고 빨리 끝났으면 하는 때도 있었다. 그래서 어쩌다 입 밖으로 나오는 엄마 잔소리는 오히려 반가웠고, 토를 달거나 말대꾸를 하는 대신 순종과 복종을 하며 살았다. 어쩌면 그것은 일찌감치 혼자된 몸으로 자식 일곱을 키우며 고생하는 엄마에 대한 최소한의 예의이자 감사였는지 모르겠다.

　엄마는 말이 없으신 게 아니라, 침묵과 눈빛을 사용해 자신의 감정을 최대한 다스렸다는 걸, 어른이 되어 자식을 키워 보고서야 깨닫게 되었다. 엄마가 쓰셨던 침묵법은 자식뿐만 아니라 사람과의 관계를 지혜롭게 풀어가는 데 유용했다.

　극도로 말을 아끼시던 엄마가 유일하게 강조하신 말이 있는데, 그것이 바로 우애였다. 자식들의 성격이 알록달록 천차만별인 데다, 여덟이나 되는 새끼들이 아웅다웅하며 살아갈 게 걱정이셨던 것 같다.

　2024년 새해, 엄마의 무지개가 다낭으로 우애 여행을 떠났다. 오랜 계획으로 원래 예정 인원은 열여섯 명이었다. 하지만 엄마의 무지개에 이상이 생겨 색깔 하나가 지워졌다. 무지개의 색깔 중 가장 강렬하고 열정적인 빨강에 해당하는 둘째 언니가 갑자기 세상을 떠났다. 그리고 수양딸 준희 언니는 건강 이상으로 함께하지 못했다.

50대부터 80대로 구성된 가족 여행은 설렘과 기대보다 걱정이 더 많았다. 여행 목적은 형제간의 우애였지만, 사고나 다툼없이 다녀오는 것만으로도 다행으로 여겨야 했다. 평소에 잘 맞는 사이라도 오랜 시간 여행을 하다 보면 사소한 의견 차이로 마음이 상할 수 있다는데, 하물며 시누이·올케·사위가 함께하는 여행이라니…. 나보다 주위 사람들의 염려가 더 많았다.

출국 날 공항에 모인 형제자매들의 표정에도 설렘보다 걱정이 더 많아 보였다. 하지만 우리가 누구인가? 우애 깊기로 소문난 '오천리 오가네 큰집' 가족이 아닌가.

하늘에 계신 엄마가 도운 것일까. 다낭에서의 여행은 걱정이 무색할 만큼 유쾌하고 즐거웠다. 염려했던 일들은 한 가지도 일어나지 않았으며, 오히려 우리나라에 있을 때보다 더 배려하고 서로 양보했던 것 같다.

제일 걱정했던 83세 고령의 형부는 자신이 민폐가 될까 봐 신경 쓰는 것인지, 항상 먼저 일어나 준비하시고, 음식도 가리지 않고 잘 드셨다. 틈틈이 남자 형제들이 형부의 팔을 부축하며 보폭을 맞출 때면 마음이 훈훈해지기도 했다. 여행을 계획하고 진행한 사람은 막둥이와 나였지만, 여행을 풍성하게 완성 시킨 사람은 '오천리 오가네 큰집' 식구들이었다.

가끔 발생하는 엉뚱한 에피소드로 하루 내내 웃기도 하고, 가는 곳마다 게임을 하며 수학여행을 온 학생들처럼 즐겼다. 5일 동안 우리 모습을 지켜본 가이더도 우리 가족 단체복까지 맞춰 입고 '오천리 큰집 오가네' 가족의 끝둥이를 자처했다. 가이더의 카톡 프로필엔 시간이 한참 지난 지금까지도 우리 가족 사진이 올려져 있다.

기억에 남을 만한 어려움이나 특별한 에피소드는 없었지만, 유쾌함·즐거움·행복함이 가득한 여행이었다. 즐겁고 유쾌할수록 함께하지 못한 엄마와 언니가 그리웠지만, 여행하는 동안 '엄마'와 '언니'라는 단어는 우리에게 금지어였다. 그 단어는 시간과 장소를 불문하고 눈물을 쏟게 하는 자동 센서가 작동되는 단어이기 때문이다.

여행에서 찍은 사진과 동영상, 소감을 올리느라 가족 카톡방이 뜨겁게 달아오른다. 83세 형부는 벌써 다음 여행을 위해 열심히 운동하신다며, 내년 여행일정을 물으신다. 퍽 좋으셨던 모양이다.

나이에 따라 만나는 사람과 주변 사람과의 관계도 달라진다. 부모님이 돌아가시고 나니 형제자매의 관계에도 변화가 생긴다. 그동안 부모님을 중심으로 이루어지던 관계가 각자의 환경과 자녀 중심으로 돌아가, 다 함께 모이는 일이 쉽지 않다. 자연스러운 일이지만 마음 한편엔 늘 알 수 없는 아쉬움이 가득하다. 그런 면에서 이번 '오천리 오가네 큰집' 우애 여행은 멀어졌던 관계를 한 걸음 가깝게 해주었다. '불가근불가원(不可近不可遠)' 너무 가깝지도 않고, 너무 멀지도 않은 관계를 유지하며 사는 일이 생각보다 쉽지 않다.

쓰는 언어나 말투도 유전되는 것일까. '오천리 오가네 큰집' 식구들은 되도록 서로에게 존칭어를 쓰는 것으로 감정과 관계를 조율한다. 엄마의 절제된 침묵법과 압축된 눈빛 언어도 우리가 우애를 지키는 데 톡톡한 역할을 한다.

말은 하는 것보다 듣는 것이 더 중요하고, 되도록 오해보다 이해하는 쪽으로 들어야 한다는 엄마의 말씀은 우리를 우애 있는 한 뼘 사이로 묶어준다.

아침부터 오가네 카톡방이 요란하다. 엄마 제사에 맞춰 부모님 산소에서 번개 모임을 한다는 내용이다. 여행을 다녀온 후 모임이 부쩍 늘었다. 참석률도 높아졌다. 참석하겠다는 댓글을 달고 교통편을 예매해 두었다.

이른 새벽 아랫녘을 향해 달려가는 고속버스는 한가하다. 차창 너머로 보이는 하늘은 맑고 쾌청하지만, 곧 일곱 색깔의 무지개가 엄마 산소를 다정하게 감싸며 걸릴 것이다.

사람과 함께 사람 속에서

　바람은 스치는 것만으로도 흔적을 남긴다. 그것이 실바람이든, 회오리바람이든, 태풍이든…. 발걸음도 흔적(발자국)을 남긴다. 매일 걷는 산책길에도, 함께 나선 문학기행에도…. 그런 점에서 발걸음은 바람과 닮았다. 그 흔적들을 모아 적어 놓으면 기록이 되고, 기억 속에 저장하면 추억이 된다. 오늘 내 발걸음이 어느 곳에 닿느냐에 따라 삶의 풍경이 달라진다.

　6월 하순, 강화도에 머문 이틀은 문학기행과 심포지엄이 잘 어울린 행사였다. 아니, 사람과 사람이 잘 어울렸다. '한국수필가협회 국내 심포지엄' 참석은 이번이 두 번째였다. 사람이면서도 사람이 부담스러운 나는, 단체 행사는 물론 작은 친목 모임조차도 부담을 느끼는 편이다. 그러니 단체 행사는 꼭 참석해야만 하는 의무가 아니면 남의 집 불구경하듯 한다. 그런데 요즘 자의 반 타의 반으로 모임이 늘고 행사에도 자주 참여하게 된다. 그러면서 예전과는 많이 다른 생활 리듬으로 인해 삶의 불안 지수도 높아진다. (좋은 일일지, 구설수의 시작일지….)

강화도에서 열린 이번 행사에도 수필 극단의 일원이 아니었다면 참석은 아예 생각도 안 했을 것이다. "참석자 명단에 서진 샘이 있어서 의외였어요." 강화도로 향하는 버스 안에서 옆에 앉은 문우가 내게 던진 말이다.

요즘 '수필 극'이라는 새로운 장르의 극단원이 된 내게, 사람을 만나는 일은 필수 요건이 되었다. 예의상 참석하는 수동적인 자세가 아닌, 공연의 일원으로 행사 분위기를 달구는 능동적 참여자가 된 것이다. 어쩌다 보니 행사 진행까지 돕게 되는 상황이 되었다. 멀리 지켜보던 망원경에서 정밀히 살펴야 하는 현미경의 입장이 된 것이다.

행사에는 각자의 몫으로 참석한 사람(진행자, 발표자, 수상자, 그 밖의 참여자)이 예상 인원을 훨씬 웃돌아 행사는 성황을 이루었다. 아는 만큼 보인다고 했던가 그동안 보지 못하고 느끼지 못했던 점들을 보며 감동하기도 하고, 부족했던 점(발표자의 발언에 집중하지 못한 점, 사회자의 진행에 끝까지 귀 기울이지 않은 점)들로 인해 아쉬움을 느끼기도 했다. 하지만 각자의 위치에서 열과

성을 다해 준비한 정성만큼은 평가의 대상에서 제외한다. 가는 곳마다 먼저 도착해 길을 안내하고, 회원들이 모두 앉은 후에서야 남은 자리에 앉아 숟가락을 드는 둥 마는 둥하던 그 모습에 어찌 평가의 잣대를 댈 수 있겠는가.

"수필가의 길을 선택한 우리! 오늘도 간절함으로 누군가를 위해 무엇을 할 것인가, 생각을 멈추지 않는다면 우린 무엇이든지 이루지 않을까요?" 권남희 이사장의 인사말 속 '우리'라는 말과 '누군가를 위해서'라는 말의 질감이 예전과 달리 살갑게 다가온다. 서로 각각이었던 너와 나를 '수필가'와 '우리'라는 공동체로 묶어 무엇이든 함께 이루어 갈 것을 청유한다. 작은 소속감에 의욕이 반응을 보이기 시작했다.

사람과 사랑은 받침 하나 차이다. 반복해 발음하다 보면 사람이 사랑으로, 사랑이 사람으로 섞여 발음되기도 한다. 사랑이든 사람이든 만남이 있어야 시작되는 게 아닐까. 마음 자세를 바꾸니 행사에 임하는 태도도 달라진다. 긍정은 긍정을, 부정은 부정을 낳는 법, 한 걸음 더 가까이 긍정 쪽으로 다가서 본다.

당신의 수필 「나의 첫사랑」을 각색하여 수필 극으로 올린 후배들의 공연을 보며 조경희 선생님은 어떤 생각을 하셨을까? 당신을 '수필의 어머니'라 부르며, 본인이 탄생한 강화도에서 '신인 작가 탄생'이라는 의미와 '수필 극'이라는 새로운 장르로 맥을 이어가는 후배들의 노력을 보며 또 어떤 말을 남기고 싶으실까.

조경희 문학관에 보관된 작품 「처소」의 내용을 보면 선생님은 평소 자신의 처소處所를 사람들에게 공개하지 않고 비밀 커튼 속에 두었다고 했다. 여러 가지 이유가 있겠지만, 평소 검소한 생활을 해오신 선생님으로선 호사스러운 친구들의 어리둥절한 반응과 입방아가 달갑지 않았던 듯 보였다. 하지만 이번 수필가들의 방문엔 대문을 활짝 열고 맨발로 뛰어나오지 않으셨을까. 〈나의 첫사랑〉 수필 극에서 나는 조경희 선생님의 첫사랑인 R 시인의 본처 역할을 했다. 한 마디 대사도 없는 엑스트라였지만, 본처라는 존재감을 뽐내며 연습 내내 위풍당당의 웃음을 자아냈던 것 같다.

행사가 끝날 무렵, 핸드폰 진동이 요란하게 울리기 시작한다. 1박 2일 동안의 궤적이 사진으로 몰려온다. 옹기종기 모르는 사람들과 어깨를 포개며 웃고, 슬그머니 팔짱까지 낀 내 모습도 보인다. 본성인지 연기인지 알 수 없지만, 처음에 가졌던 낯섦은 저만치 물러나 있다. 어쩌면 삶의 반 이상을 우리는 연기演技를 하며 살아가고 있는지도 모른다. 그때그때 순간과 공간에 맞게 주어지는 배역에 맞춰서···.

  때로 도전과 용기는 두려움과 불안을 동반하지만, 새로운 삶을 살아 볼 기회를 얻기도 한다. 수필 극 도전으로 시작된 용기가 〈감자꽃 향기〉의 할머니가 되어 예천엘 가고, 〈나의 첫사랑〉 속 본처가 되어 강화도엘 간다. 다음에 주어질 배역은 무엇으로 어디에 서 있게 될까. 분명한 건 그곳 또한 사람과 함께 사람 속이 될 것이다.

오서진 sem50@naver.com
2020년『한국수필』2010년『문학세계』시 등단
한국문인협회, 한국수필작가회, 중랑문인협회, 참좋은문학회 회원
『한국수필』올해의 좋은 수필 수상(2023)

밤길

 아무리 찾아봐도 없다. 잘 둔다고 둔 서류다. 뒤질 수 있는 곳은 다 뒤진 후 의심 가는 곳이 화장대 서랍 뒤쪽이었다. 빼면 빠지는 서랍이 아니다 보니 서랍 칸의 아래 틈새로 들이밀 무언가가 필요했다. 손등의 정맥을 불뚝이며 철사 옷걸이를 편다. 구부러진 부분을 안쪽으로 향하게 한 채 몇 번의 오고 감이 있고 나자 무언가가 딸려 온다. 찾던 서류가 아니다.
 A4 용지 두 장이 접혀 있고, 뒷면으로 초록 글씨가 배어 나와 있다. 여동생의 아들이 군대에 있을 때 사촌 누나에게 보낸 편지다. 가족끼리 돌려보았을 편지를 나는 까맣게 잊은 채였다. 서랍을 열고 닫는 과정에서 뒤로 넘어가 서랍 아래 공간에 갇혀 있었나 보다. 이곳저곳을 뒤지느라 어수선한 주위 것들을 뒤로하고 퍼질러 앉아 편지를 읽었다. 마음이 착잡해졌다. 잊었던 기억이 새삼 떠올랐기 때문이다. '그때에도 이 녀석이 집안 문제로 힘들었

구나.'

"백일 휴가 때 누나네 들렀어야 했는데 이래저래 집안 사정으로 정신이 없어서 못 가봤네. 지금은 잘 해결되고 있는 듯하니 걱정은 안 해도 되고. 첫 휴가는 최악이었어. 기억에서 지우고 싶어."

조카는 그렇게 소중한 군대 첫 휴가 때 집안이 편치 않았음을 편지로 고백하고 있다. 동생은 이 아이가 초등학교 4학년이었을 무렵, 자신의 아들만을 위해 그간 모아 놓은 돈을 가지고 집으로 돌아갔다.

칠흑 같은 밤길을 달려 동생을 데리러 가는 길에 남동생과 나는 한마디의 말도 나누지 않았다.

"얘를 데려와야겠어."라는 동생의 결정에 혹시나 제부라는 사람과 어떤 불상사가 일어날까 싶어 따라나선 길이었다. 이런 지경이 되도록 여동생의 맘고생이 얼마나 심했을까 생각하니 참담하고 아찔했다. 남동생이 전해 준 이야기로는 동생 부부 사이가 심상치 않다는 것이었다.

어느 날 남동생이 말했다. "근처에 단독이 급매로 나왔는데 걔들에게 사주고 싶어. 돈이 얼마나 있을까? 모자란 거는 내가 보태주려고." 그러고는 직접 전화를 걸어 여동생의 재정 상태를 물었던 모양이다. 동생은 그제야 설움에 겨워 자기네의 사정을 말했다. 그동안 제부는 일을 하지 않았고, 자기 혼자 직장에 다니며 가정을 돌봤다는 것과 적반하장으로 그쪽에서 되레 헤어지자고 했단다. 아들을 위해 가정의 끈을 악바리처럼 붙들고 싶었던 동생은 친정 누구에게도 자신의 사정을 털어놓지 못했다. 고립무원의 처지도 아닌데 혼자 속앓이를 하며 가슴을 태우고 있었다. 그들이 깔고 앉아 있는 집의 보증금도 보잘것없는 금액이더라고 남동생이 한숨을 쉬었다.

조카는 마침 겨울방학이라 친정에 와 있었다. 집안이 평안치 않으니 아이를 외가에 보내 놓고 남편과의 관계 회복을 위해 노력했을 것이다.

그 도시에 들어섰을 때, 겨울밤은 음산했고 마음 탓일까, 묘한 적의가 느껴졌다. 불안하고 침울한 찬 바람 속을 걸어가서 그 집 문을 여니, 깨지기 직전의 부부는 안방에 마주 보고 앉아 있었다. 동생은 결혼반지를 빼서 윗목에 놓아두었다. 빼놓은 반지는 여동생의 몸체를 오롯하게 보여주고 있었는데, 나는 그게 못내 울컥해서 입술에 힘을 주어 견뎌냈다.

그로부터 1년 뒤, 동생은 자신을 거부한 자리로 눈물을 머금고 돌아갔다. 친정 식구들의 질타를 한몸에 받으면서. "애 손등이 터서 갈라졌더라고…." 울먹이는 그녀의 대답에 우린 어떤 반대의 명분도 내세울 수 없었다. 몇 년이 흘러 우리는 겨울밤의 정적을 가르며 다시 그 도시로 가야 했다. 야근을 하다가 사고를 당한 그녀가 수술을 받았다는 소식 때문이었다.

공장에서 밤 근무를 하던 동생은 날이 밝아오자 잠시 졸았던 모양이다. 손가락 두 개가 기계 속으로 빨려 들어가 절단이 된 걸 알았을 때, 주위엔 말을 잘 알아듣지 못하는 외국인 근로자뿐이었다. 침착하게 자신의 손가락을 거두어 119에 연락을 하고 모든 상황을 혼자 마무리했다. 손가락 두 개의 접합 수술은 성공적이었다. 공단 주변엔 이러한 사고가 끊이지 않아 미세한 수술을 잘하는 의사가 많다고 했다.

조카의 편지를 통해 십몇 년을 거슬러 올라간 그 시절, 동생네 집안 문제는 무엇이었을까 고민해 보는 밤이다. 어둠과 짙은 그림자가 없는 성장이 어디 있겠는가. 어두운 숲을 무사히 통과해 온 조카는 항상 우리 가슴에 무거운 돌이었다. 고된 강을 건넜지만, 아직도 신산한 삶을 살아가는 동생이 마침내 도달한 곳은 눈망울이 초롱초롱한 사내아이 둘과 마음 예쁜 며느리가 꾸민 조카네 가정이다. 전화를 걸면 그녀는 항상 손자들 틈에서 세상에 없는 행복한 웃음소리를 들려준다. 며느리의 육아 수고로움을 덜어 주기 위해 고된 직장 생활에도 틈만 나면 아들네로 달려가기 때문이다. 조카며느리는 그런 시어머니가 고맙다고 진정을 다하여 말해준다. 세상에 떠도는 온갖 흉흉한 며느리에 관한 이야기 속에서도 우리는 그 아이의 진심을 한 톨 의심 없이 받아들인다.

　동생의 그런 지극정성에도 불구하고 손자들에게 가장 반짝이는 존재는 그들의 할아버지란다. 생활의 굴레에서 일찍이 벗어난 제부에게 넘치는 건 시간일 터, 그 혜택을 손자들이 흠뻑 누리기 때문이다. 누군가에게 어둠을 던진 사람이 누군가에겐 빛으로 떠오르는 경이가 세상엔 있는 법이다. 얼마나 다행인가. 두 손자를 평화롭게 바라보면서도 동생은 수술로 이은 두 손가락을 반대편 손으로 꾹꾹 누르기를 멈추지 않을 것이다. 그 자리가 유독 시리기 때문이다. 행복 저편의 편린 속에는 얼마간의 불안의 그림자가 서리고, 서늘한 무엇이 가라앉아 있는 게 사람의 삶이 아니겠는가.

　초록 글씨의 편지지를 원래 모양대로 접는다. 조카 손등의 때 같은 그림자가 어른거리는 편지지 뒷면으로, 지난날의 칠흑 같은 밤길이 아득히 내려앉는다.

그가 택한 길

– 조영래의 『전태일 평전』

운전석에 앉자마자 마음이 바뀌었다. 그의 묘에 가고 싶은 마음이 결국 한계에 다다랐다는 걸 알았다. 나는 승복했다. 그의 묘는 마석 모란공원 내 민주열사 구역에 있다. 집에서 불과 16km의 거리다. 모란공원은 광대했다. 입구에 서서 묘역 조감도를 보았다. 조감도 속 앞줄에 『전태일 평전』을 쓴 조영래 변호사 묘가 보인다. 뒤쪽으로 전태일과 그의 어머니 산소도 보인다. 마침, 전태일 묘 앞에서 잔디깎이에 열중하던 사람들이 인사를 하라며 자리를 비켜 주었다. 내가 참배하는 동안 그들은 비석에 새겨진 그의 출생 연도를 보면서 자기네보다 2년 위라고 했다. 아직도 이렇게 거뜬히 노동할 수 있는 나이의 연배, 평소와 다르지 않게 출근하려던 나를 이곳으로 이끈 전태일의 생은 터무니없이 짧았다.

묘역에 서 있는 흉상 속의 그가 안고 있는 것은 너덜너덜해진 근로기준법이다. 누가 뺏을세라 악착같이 안고 있다. 죽어서도 그와 함께하는 법전을 바라보며 나는 묻고 싶었다. '세상은 그의 염원을 이뤄냈는가?' 그의 옆엔 백기완 선생이 잠들어 계시고, 대각선 방향 뒤에 그의 어머니 이소선 여사의 산소가 있다. 노동자의 어머니라 불리던 이소선 여사는 아들 전태일의 유언대로 41년 동안 노동 투쟁을 위해 사신 후 2011년 별세했다. 전태일 열사의 묘역 뒤엔 '박종철 열사'의 묘가 겸손하게 자리 잡고 있다. 구름은 그들이 이루지 못한 이상처럼 멀고 높게 떠 있었다. 하늘이 맑았다.

김승옥이 『서울, 1964년 겨울』에서 비정한 도시에 깔린 익명성과 타인에 대한 무관심을 서울의 뒷골목 같은 우울한 문체로 조명했을 때, 대구의 초등학생 이윤복은 『저 하늘에도 슬픔이』라는 절망을 안고 껌을 팔아 식량을 사야 했다. 윤복의 일기가 책으로 엮어져 세상에 나온 해는 1964년이다. 엄마는 집을 나갔고, 아버지는 알코올 중독으로 일을 나가지 못했다. 동생이 넷이었다.

1963년 겨울, 집안일을 돕던 열다섯 살 전태일은 학교에 다니지 못하게 하는 아버지를 떠나 동생과 서울행 열차를 탔다. 이불 한 채와 아버지가 만든 잠바 몇 벌을 훔쳤다. 전태일의 일생 중 가장 행복했다던 청옥고등공민학교 시절, 집에서 하는 재봉 일이 바빠지자, 아버지는 학교를 보내주지 않았던 것이다.

초등학교 때, 이윤복의 『저 하늘에도 슬픔이』를 읽으면 가슴이 미어졌다. 어른이 되어 읽은 『전태일 평전』은 마음을 저미는 뜨거운 눈물로 책을 여러 번 내려놓아야 했다. 평화시장을 돌며 옷을 사러 다니면서도, 어디에서, 어떻게 옷이 만들어지며 어떤 환경에서 작업이 이루어지는지, 그들이 얼마만큼의 대우를 받는지, 정당한 월급을 수령하는지 생각해 보지 않았다. 평화시장 건물 안에 닭장 같은 작업장이 있는 줄 알지 못했다. 어린 소녀들이 포르말린 냄새에 찌들고, 섬유에서 떨어져 나오는 먼지에 몸이 어떻게 상하는지, 왜 열여섯 시간이라는 노동에 시달려야 하는지 알려고 하지 않았다. 그들은 햇빛도 들지 않는 공간에서 하얗게 시들어 가고, 꿈을 펴지도 못한 채 피를 토하기도 했다.

어린 나이에 냉혹한 노동의 현실을 직시했던 태일은 평화시장 시다로 취직했다. 시다 월급은, 하루 14시간 노동에 일당이 50원이었다. 커피 한 잔 값이 50원이던 시절이었다. 정당한 보수를 못 받는 노동자, 열악한 노동 조건, 그래도 좋았다. 일이 괴로웠지만, 러시아 작가 고리끼의 말처럼 '지옥'이라고 생각하진 않았다. 돈을 벌어 식모살이하는 어머니와 길바닥에 버린 막내 여동생을 데려오는 꿈에 태일은 신이 났고, 여유가 되면 공부를 하겠다는 집념으로 꿈에 부풀어 있었다.

『전태일 평전』을 읽으며 나는 두려웠다. 그의 결말이 한 걸음 한 걸음 다가오자 피하고만 싶었다. 그러나 읽어내야만 했다. 그를 죽음으로 내몬 세상과 근로감독관, 경찰과 평화시장 사업주는 다름 아닌 우리 사회였고, 우리 가족, 우리 자신이었기 때문이다. 그의 죽음 앞에 떳떳한 자가 없는 세상이었다.

　야간학교에서 중등과정 1년을 채우지 못한 전태일에게 한자투성이인 〈근로기준법〉은 읽기도, 해석도 어려웠다. 그가 그렇게 아쉬워했던 대학 친구 한 명만 있었더라도 그의 운명은 바뀌었을 테고, 〈근로기준법〉을 3년간이나 닳고 닳도록 읽지 않아도 되지 않았을까. 그에겐 부유한 친구를 사귈 여건과 처지가 되지 않았다. 배를 곯는 시다들에게 식비와 버스비로 풀빵을 사 주고 두 시간, 세 시간을 걸어 집에 갈지라도, 자신의 힘겨움과 배고픔을 내색하지 않았다.

　인간의 물질화를 몸서리치도록 경멸하던 그는, 천성적으로 타인의 고통을 나의 고통으로 끌어안는 공감 능력이 뛰어났다. 그리고 '무고한 생명체들이 시들고 있는 이때에 한 방울의 이슬이 되기 위하여 발버둥 치겠다'고 맹세했다.

　그가 마지막으로 돌아가야 할 곳은 평화시장이었다. 그는 지켜지지 않는 근로기준법 법전을 안고 자신을 향해 불씨를 던졌다. 자신이 잿더미가 되어 평화시장의 실상을 세상에 알린다면 죽어도 좋았다. 밀알이 되었고, 불씨가 된 전태일은 생명이 다하는 순간에도 인간의 존엄성 앞에서 철저히 외면받은 사람이었다.

화상을 입은 사람은 온몸이 화기 덩어리다. 화기를 제거할 주삿값이 15,000원이었다. 병원에서는 보증을 세우라고 했고, 노동청의 근로감독관은 보증을 거부했다. 죽음 앞에서까지 세상은 비정했다. 목숨이 사위어 가는 중에도 그는 어머니께 말했다. "어머니, 내가 못다 이룬 일 어머니가 꼭 이루어 주십시오." 그리고 '물 좀 달라.'는 말을 마지막으로 한 많은 스물두 해의 생을 마감했다. 1970년 11월 13일이었다.

"그가 택한 길은 인간의 길이었다. 노예 되기를 거부하고 스스로의 힘을 확신하는, 새 시대의 목소리였다. 한 개의 작은 촛불이었다." "이 땅 위에 인간이 죽어 모두 없어지지 않는 한, 전태일의 불꽃도 결코 죽지 않는다." 『전태일 평전』을 쓴 인권 변호사 조영래는 말했다.

묘역을 벗어나자 맞은편 나무 사이로 모란 미술관 잔디밭에서 뛰노는 아이들 무리가 보였다. 생生과 사死는 길 하나를 사이에 두고 너와 내가 다르지 않음을 말하는 듯했다. 아이들의 웃음소리가 구름 위에 내려앉았다. 전태일이 꿈꾸던 세상은 도래했는가.

유월 중순의 바람이 나뭇잎을 거세게 흔들었다.

윤윤례 ylygreen0362@daum.net
2023년 『한국수필』 등단
한국수필가협회, 참좋은문학회, 편지마을 회원
2022년 제5회 『한국수필』 독서문학상 우수상

함께했기에 가능했던 길

주말 드라마를 볼 때마다 작가는 어떻게 저런 생각을 담아낼 수 있을까, 여러모로 생각하게 만든다. 요즘 방영 중인 어떤 드라마에서 여주인공이 힘들게 번 돈을 엄마라는 사람이 생활비는 물론이고, 독립성이 부족한 아들 셋을 위해서 사용하는 것도 모자라 딸이 10년 동안 부은 적금을 물어보지도 않고 모두 써버린다. 가족 치다꺼리에 지치고 억울해서 울부짖는 여주인공을 보면서, 요즘엔 말도 안 되는 남존여비의 극치라는 생각과 드라마 인기를 위해서 설정이 과하다는 생각도 든다. 그런데 이런 내용이 어디서 많이 들어본 것 같아서 씁쓸하다.

군복무를 대신해 해외에서 5년 동안 열기와 모래바람이 부는 사막에서 근무한 후배들이 여러 명 있었다. 집에 계신 부모님이 어떻게 돈을 관리했는가에 따라 드라마와 같은 일이 벌어졌었다.

어떤 친구는 알뜰하게 모아 집을 마련했고, 돈에 대한 개념이 적은 부모는 집에 돌아가서 보니, 가족과 집안일로 다 쓰고 자기를 위해 남겨둔 돈이 아무것도 없어서 하늘이 노랬다고 한다. 그 당시 값어치로는 지금의 중형 아파트 한 채를 살 돈이었는데 의외로 그러한 일이 많이 있었다. 그래서 그 세월과 힘들었던 일이 너무도 억울해서 해외 근무를 다시 시작했고, 돈도 자기와 아내가 관리하면서 해외에 자원 근무한다고 털어놓는 직원도 있었다.

　나와 이란에서 함께 근무한 연배의 동료는 이십여 년 동안 아내와 산 날이 삼 년이 안 되니 자기는 총각이나 다름없다고 쓴웃음을 지었다. 자기의 아내가 주변 사람들이 자식을 해외 유학 보내니, 그것이 샘이 나서 해외 봉급으로 아들 둘을 미국이나 유럽도 아닌 동남아로 유학을 보냈다고 한다. 그의 아내는 자기의 휴가가 끝날 무렵이면 '당신이 해외로 나가야 애들 등록금과 생활비가 유지된다'며 하루에 몇 번씩 이야기하다가 결국엔 '당신이 또 나가야지 어떻게 하냐?'고 압력을 넣는다고 푸념한다. 자질도 안 되는 자식 유학과 남편 없는 생활에 익숙해져서 남편을 사지로 내모는 것이다. 한 달 정도 휴가 기간에 아내가 처음에만 반가워할 뿐이고, 자식도 잔소리하는 아버지가 싫어서 대화도 없다고 한다. 이십여 년을 떨어져 사니 돈 벌어오는 아버지와 남편으로 존재하는 것이 슬픈 현실이었다. 그는 사십여 년을 해외 현장에서 근무하다 정년을 맞고 또 몇 년을 촉탁으로 일하다가 가족과 재미있게 살아보지도 못하고 암으로 세상을 떠났다. 가끔 동료끼리 만나면 우리는 일밖에 모르며 잘 웃던 그 사람을 떠올리며 안타까워한다.

평소 친하게 지내던 근로자 한 분이 환갑을 현장에서 맞게 된다는 이야기를 들었다. 직원들이 돈을 모아서 과일과 고기와 회 등으로 잔치상을 차려주니 벅차서 눈물을 보인 일도 있었다. 사십여 년이 다 된 시기이니 현장에서 최고령이었고, 파견된 것도 신기했었다. 원인은 연배 동료와 비슷한 경우로 어쩔 수가 없어 이곳에 나왔다고 하소연했었다. 자식들을 분수에 맞지 않는 유학 보내고 아내가 애들 돌본다고 외국에 같이 나가서 돌아오지 않는 경우도 있었다.

요즘 직원들은 해외에서 근무하라면 아예 퇴사하는 경우가 많다고 한다. 힘든 일을 참지 못하고 편하게 살아온 세대들이라 그런가 보다. 일부 여유가 있는 부모가 결혼하면 집을 사주거나 전세를 얻어 주기 때문이라고 한다. 그렇지만 그 당시에 대부분의 가장은 부모가 집이나 전세를 보태주던 시절이 아니었다. 요즘은 직장인들이 정년까지 다녀도 저축해서 집 장만은 불가능하다고 한다. 그 당시는 이십여 년을 알뜰히 저축해야 집을 장만하고 나머지 부금을 갚아 나갈 정도였다. 남편들도 아이들을 키우고 집 장만을 위해서는 군대보다도 가기 싫은 해외 현장을 삼사 년 정도 다녀와야 했었다. 그것도 건설회사에 다니기에 가능한 일이었다. 사람이 사는 세상이니 문제의 부모나 아내도 있었지만, 대부분의 아내들은 남편 없이 분수에 맞게 절약하며 아이들을 키우고, 가족사도 함께 챙기느라 고생했기에 어려운 집 장만과 가정을 지키는 것이 가능했었다.

현재 행복의 결과는 가족 모두가 '함께 가는 길'로 노력한 덕분이라 감사하게 생각한다. 요즘 중동에서는 이스라엘과 팔레스타인의 전쟁으로 군인과 민간인, 어린아이들까지 많은 사람이 죽어가고 있다. 그들도 누군가의 가족인데 죽은 자는 가엾고 살아남은 자의 고통은 또 얼마나 고통스러울까. 가족과 행복하게 살기 위해 뼈를 깎는 고통을 참아내야 했던 우리의 젊은 시절이 있었던 중동이기에 남의 일 같지 않다. 피범벅이 된 뉴스 화면을 보며 맘속으로 성호를 긋는다. 다 함께 행복하게 살 수 있는 길이 열리길 간절히 기도한다.

고구마 먹은 심정

까치가 집을 지으려고 나뭇가지를 물고 분주하게 움직인다. 옛집을 대부분 보수해서 사용하니 기특하다. 박새도 신혼집을 준비하느라 쉴 새 없이 움직이며 조잘거린다.

아이들도 등교하느라 분주하다. 친구를 부르는 목소리가 사랑스럽다. 사람이 사는 동네 같다. 출근하기 전 초등학교 옆의 소공원에서 매일 아침 운동하며 보는 풍경이다.

매일 아침 풍경은 정겹지만, 소공원에서 운동하다 보면 짜증이 날 때가 있다. 새로 설치한 운동기구에 잠금장치를 추가했는데, 작동이 잘 안 되어 사용할 수 없는 것이 많다. 내가 보기엔 3년 주기로 멀쩡한 운동기구를 교체하는데도 말이다. 운동기구뿐 아니다. 팔각정, 보도블록 등도 교체한다. 화강암 경계석은 재사용도 없이 산업 폐기물로 버려지는 듯해 안타깝기 짝이 없다. 팔각정은 포클레인으로 박살을 내어 재활용도 힘들다.

   인터넷을 검색하니 한 개에 오백만 원으로 나온다. 이번에는 두 개가 교체되었다.

   예쁜 바닥 돌도 볼품없는 네모 벽돌로 교체했다. 도대체 왜 그러는지 이해가 안 된다. 누군가는 '일 년 내에 정해진 예산을 못 쓰면 다음 해에 지원금이 줄기 때문'이라고 하는데, 까치가 웃을 것 같다. '나는 보수해서 쓰는데 인간들은 왜 그러지?' 고개도 갸웃할 것 같다. 멀쩡한 화장실도 조립식으로 교체하고, 고장도 안 난 운동기구도 교체, 교체하니 말이다.

   나는 점심 식사 후에는 직장 근처에 있는 강가를 걷는다. 그곳엔 일 년마다 한여름에 나무를 심는다. 그러니 거의 다 말라 죽는다. 심을 때에 물 한 번 주고 그냥 놔두는 것 같아 답답하다. 꽃나무도 너무 촘촘히 심는 바람에 바람이 안 통해 말라 죽는다. 장미도 가을에 심는 이유를 모르겠다.

화원에서 물어보니 장미 한 그루가 보통 2만 원이던데, 그 장미는 또 언제 다른 종류로 교체될까. 재정 자립도가 좋은 자치구는 그래도 되는 걸까.

언젠가는 "나무가 죽는데 왜 여름에 심느냐"고 물어보니 감독하는 사람이 눈을 부라린다. 잘못하면 싸울 것 같아서 그만두었다.

저녁 뉴스에서 서민용 생활 자금 대출을 해준다고 했으나 백만 원에 연 16% 이자인데도 지원자가 너무 많아 모두 해결해 줄 수 없다고 한다. 신용금고 17%인데도 신용 자격이 안 되어 사채를 써야 하는 사람들이 그렇게 많다는 것이다.

퇴근길에 내 또래 사람이 깡통에 동전 몇 개를 넣고 구걸하는 모습도 본다. 고개를 숙인 채 얼음장 같은 땅바닥에 앉아 있다. 하루 한 끼를 위해서 무료 급식하는 곳에는 줄이 길게 늘어선다. 아직도 이렇게 끼니를 해결하지 못해 고통스러워하는 사람이 많은데, 쓸 만한 운동기구, 깨지지 않은 보도블록 교체는 언제까지 할 것인지…. 꽃나무는 언제까지 여름에 심어야 할까.

예산을 따기 위해, 따놓은 예산을 다 쓰기 위해 몸부림치는 자치구에도 알고 보면 쪽방촌과 결손 가정이 많다. 그 많은 돈을 다른 곳에 전용하려는 생각과 그것을 실행하고자 노력하는 사람은 정말 없는 것일까.

지방자치제가 1987년에 부활하고 1991년 선거로 구청장, 군수, 의회 의원들이 선출되었다. 30여 년이 지났기에 이러한 문제점은 나 같은 소시민도 알고 있지만, 개선하려는 의지가 보이지 않는 것 같아 안타깝다.

자기네 자치구에 눈먼 돈을 갖다 버려도 나누어 주기 아까워서일까. 방송에서는 매일 결손 가정과 독거노인들을 도와주자고 방송한다. 국민이 낸 세금의 많은 돈이 매년 버려지고 있는 이런 일에 대해선 눈치만 볼 뿐 이야기하지 않는 현실에 목이 멘다. 어린 시절 고구마 먹다 목에 걸려 죽을 뻔했었는데, 그때처럼 자꾸 목이 멘다.

이동석 | dsl@gpectech.com
2016년 『한국수필』 등단, 현재 한국수필가협회 운영이사, 참좋은문학회 회장 역임
수필집 『따뜻한 밥 한 그릇』
중랑문학상 수상

길을 묻다

이종극

 부족함을 알기에 고민 또한 깊었다. 저자와 작가의 갈림길에서 조심스레 작가의 길을 택한 게 2년 전이다. 등단한 지 불과 6개월, 작가, 수필가란 호칭이 아직은 낯설다. 많은 고민 끝에 선택한 길이기에 넘어지고 깨지더라도 가야 하는 나의 길이다.

 두 갈래 길 이정표를 바라보며 한참을 서 있다. 길의 방향을 확인하고도 어느 길로 가야 할지 발걸음을 떼지 못한다. 어쩌면 지금의 선택에 따라 다른 한쪽 길로 가볼 기회가 영영 없는 것처럼 고민을 거듭하며 망설이고 있다. 한쪽 길은 저자의 길이요, 다른 한쪽은 작가의 길이다. 어느 길이든 꽃길이 아님은 분명하다. 두 길 모두 울퉁불퉁하고 여기저기 뾰족한 돌부리가 있는 오르내리막이 심한 길이라 했다. 오가는 이도 드문 초행길이기에 선뜻 발걸음을 내딛지 못한다.

십여 년 전 수기 공모전에서 생각지도 않은 대상을 받은 게 지금의 고민에 이르게 하였다. 36년간 재직한 내 집 같았던 직장을 퇴직한 후 재취업하기까지 찬 바람 부는 광야에 홀로 버려진 듯했던 그때의 심경을 적은 글이었다. 입선이라도 했으면 하는 소망과 달리 대상이라는 통보에 그게 정말이냐고 몇 번을 되물었다. 수상을 계기로 책을 한 번 써보라는 누님의 권유에 '내가 저자가 된다고….' 하는 설렘이 있었다. 내 글이 활자화되고 책으로 남는 일이니 멋진 일이다. 주변에 자신의 책을 가진 사람이 드물기에 더욱 그렇다. 근사하고 해볼 만한 일이었으나 가슴이 뛰지 않았다. 간절함이 부족했기에 설렘만으로는 실천까지 이어지지 않았다.

 슬그머니 찾아온 60이란 나이, 화들짝 놀라 지나온 삶을 돌아보는 일이 잦아졌다. 대부분의 우리 세대가 그러했듯 나 또한 주어진 삶을 운명으로 받아들이며 열심히 살았으나, 무엇 하나 제대로 이룬 게 없다는 사실에 자괴감과 상실감이 엄습해 왔다. 천신만고의 노력으로 사회적 잉여 인간의 범주를 가까스로 벗어난 지금, 지나온 삶의 행적을 기록해 보는 것도 의미가 있으리라는 생각이 깊어갔다.

 '그래, 퇴직 전후의 10년, 내 인생의 하이라이트였고 또 처절했던 그 시절의 상황과 심경을 책으로 엮어내는 것도 나름의 의미가 있으리라.' 하는 생각에 이르렀다. 비록 사계절 아름다운 산야를 담아낸 산수화가 아니면 어떠랴, 먹을 풀어 흰 종이에 붓 하나로 담아낸 흑백의 수묵화도 그림이지 않은가.

　신춘문예 공모전에 연이어 도전했으나 예심 탈락이라는 초라한 성적뿐이었다. 수기와 사례 부문의 입상이 글쓰기를 지탱하는 작은 동력이 되었으나 순수문학과는 거리가 있기에 작가의 길이 결코 녹록지 않음을 실감하였다. 연이은 탈락에 무엇이 부족하며 어찌 채워야 하는지 고민하였으나 갈피를 잡지 못했다. 공모전 응모 동기 또한 내 글의 부족한 부분에 대한 조언을 얻고자 함이었으나 수백, 수천 편이 응모하는 현실을 도외시한 철부지 생각이었다. 고민이 깊어가던 중 우연한 기회에 선생님께 내 글이 전달되어 조언을 구할 기회가 생겼다. 원고지 뒷면 하나 가득 언급하신 지적과 격려의 말씀은 깜깜한 터널 속의 나에겐 그야말로 한 줄기 구원의 빛이요, 감로수요, 평생 지녀야 할 금과옥조였다. 구성의 열악함, 담으려는 내용이 많아 주제가 취약해지는 점 등 세세한 지적과 함께 격려의 말씀도 빼곡히 적어주셨다. 글쓰기 공부에 참고하라며 커다란 쇼핑백 하나 가득 담아주신 저서와 수필집은 지금껏 받아본 적 없는 최고의 선물이요, 세상 누구도 부럽지 않은 포만감을 안겨주었으나, 그 무게만큼 각오 또한 단단히 해야 한다는 무언의 메시지도 담겨 있었다.

  다시 바라본 한쪽 길 저만치에서 누군가 내게 손짓하고 있다. 망설이고 있는 내 마음을 잘 안다는 듯 내가 이 길을 가봤으니 두려워 말고 나와 길동무하여 같이 가자 손짓한다. 그래, 저 길로 가자. 언제까지 망설이고 있을 순 없다. 혼자 가기 외롭고 두려운 길, 먼저 가본 그를 의지하며 따라가자. 가다가 돌부리에 걸려 넘어지더라도 그가 나를 일으켜 줄 것이다. 장엄한 지평선을 만나려면 얼마를 더 가야 하고, 해거름녘 노을은 어디가 볼 만한지 귀띔도 해 줄 것이다.

  그와 함께 종착지에 이르면 누가 알랴, 다른 한쪽 길로 걸어온 나 같은 벗을 만나 달빛 아래 술상을 마주하고 지나온 길 서로 풀어내며 술잔을 기울이게 될지. 혹여 오래전 노란 숲속의 두 갈래 길에서 풀이 더 우거지고 사람들의 발자취가 적은 길을 선택한 노시인을 만나 내 오랜 궁금증을 풀 수 있을지…. 그때가 당신께서 눈부시게 빛나던 청춘이었는지, 삶의 이치를 깨달은 노년이었는지, 가지 않은 한쪽 길에 아쉬움은 없었는지, 두 갈래 길을 다시 마주쳐도 같은 선택을 할 것인지…. 내게 손짓하고 있는 그에게로 다가가는 내 발걸음이 빨라지고 있다.

파주 가는 길

아버님, 어머님 두 분 모두 파주에 계신다. 아버님은 2007년, 어머님은 2015년에 이곳으로 이사하셨다. 특별한 사정이 없으면 한겨울만 빼고 한 달에 한 번 정도 찾아뵙는다. 두 분 계시는 곳에 도착하여 '저 왔습니다. 그동안 잘 계셨어요?' 하며 인사를 드려도 아무 말씀이 없으시다. 예전엔 '너 왔구나, 얼마 전에도 다녀갔는데 또 왔니? 직장 다닌다고 피곤할 텐데 하루 쉬지 뭐 하러 또 왔어?' 하시면서도 두 손을 잡으며 반겨주시던 모습, 그 목소리 눈에 선하고 귀에 쟁쟁하건만 두 분 모두 이제 말씀이 없으시다. 그저 그렇게 반겨주셨으리라 생각하며 가져온 막걸리와 좋아하시던 바나나 우유와 커피 우유를 종이컵에 가득 채워 정화수 삼은 생수를 담은 컵과 함께 상석에 차린 후 두 번의 절을 올린다.

'아버님, 어머님 덕분에 식구들 모두 잘 지내고 있습니다. 이젠 자식 걱정일랑 마시고 두 분 편히 계세요.' 하며 나지막이 읊조린다. 이렇다 할 여가활동이나 취미활동이 없기에 두 분 찾아뵙는 일이 내겐 즐거움이며 산행이자 트레킹이다. 요즘 같은 늦가을이면 계신 곳 주변의 낙엽을 줍고 산소 위쪽 소나무, 벚나무 아래에 가꾼 화단을 손보려 몇 차례 오르내려야 한다. 화초 위에 떨어진 낙엽을 치우고 키가 자란 잡초를 솎아내고 휘어진 화초에 지지대를 세워 모양을 잡아준다. 싣고 온 물통의 물을 물뿌리개에 옮겨 담아 목마른 화초에 듬뿍 뿌려주다 보면 이마에 송골송골 맺힌 땀이 이내 얼굴을 타고 흘러내린다. 굳이 건강을 챙기려 동네 체육시설을 찾지 않는 이유이기도 하다.

이른 아침 집을 나서 100번 도로를 거쳐 자유로까지 30여 분, 다시 자유로를 따라 북쪽으로 한강과 임진강 너머의 풍광을 감상하며 이곳에 도착하기까지 또 30여 분, 출발한 지 한 시간이 조금 넘는다. 가까운 황금산에 오르지 않더라도 적당한 산행코스이며 부모님 계시는 곳 주변을 가꾸는 일이니 지루하거나 힘이 든다는 생각은 들지 않는다. 쉬엄쉬엄해도 서너 시간, 어떤 날은 반나절이 훌쩍 지나가 버린다. 얼마 전엔 한 달 일정으로 귀국하는 독일 누님의 방문을 앞두고 미리 이곳에 들렀다. 아침 일찍 집을 나서 전날 화원에 부탁해 놓은 국화를 찾아와 화단에 옮겨 심고 가을 가뭄으로 목이 마른 화초와 화단에 싣고 온 물을 흠뻑 뿌려주고 주변을 정리하고 집에 오니 평일의 퇴근 시간대였다. 주말 하루를 산소에서 근무한 셈이다. 맑은 공기 속에 가끔 동무해 주는 뻐꾸기 울음과 이름 모를 산새들의 지저귐을 가을 햇살 속에 가만히 듣고 있노라면 마치 한 폭의 정물화 속에 내가 있는 듯한 착각에 빠진다. 자연이 주는 더없는 아늑함과 고즈넉함이 시간의 흐름을 잊는다.

농부의 발걸음 소리에 벼가 자라고 곡식이 영글듯 이곳 또한 찾는 이의 발걸음에 비례하여 모양새가 다양하다. 저마다의 사정으로 마음만큼 찾아뵙지 못하는 경우가 어디 한둘이랴. 두 분 계신 곳도 마찬가지다. 오른쪽 이웃은 가끔 발걸음하는 자손이 있어 무성하게 자란 풀이 방치된 경우가 그리 오래 가지 않으나 왼쪽은 좀 다르다. 작년 여름 근 한 달 만에 찾아와서 깜짝 놀랐다. 20여 호가 나란히 있는 이곳의 초입에 들어서다 몇몇 집 위로 우산 키만큼 자란 억새와 무성하게 자란 잡초 모습에 왠지 섬뜩한 기운마저 느꼈다. 마치 인적이 끊어진 지 오래된 폐가와 같은 모습이었다. 왼쪽 이웃도 그중 하나였다. 그 을씨년스럽고 으스스한 모습을 없애려 키 큰 억새와 웃자란 잡초를 뽑아내느라 한참 씨름했다. 주변을 청소하고 화단에 물을 몇 차례 뿌려주면 부슬부슬한 흙이 물을 머금어 촉촉해져 모습이 마치 곱게 화장한 여인의 얼굴 같아 마음이 한결 흡족해진다. 따사로운 햇살이 힘을 잃을 무렵 이미 사그라든 향과 향로 주변의 재를 닦아내고 딱히 상차림이라 할 것도 없는 우유와 음료수 담은 컵을 비워 챙겨온 봉투에 도로 담는다. 물기 어린 상석을 깨끗이 닦고 다시 두 번의 절로 작별을 고하며 두 분 편히 계시라는 인사말로 그날의 산행을 마감한다.

유난히 비가 잦았던 여름을 지나 가을로 접어들며 오가는 길 주변의 풍광도 계절의 순환과 함께 변하나 자유로를 따라 흐르는 한강과 임진강은 언제나 변함없는 모습이다. 그 변함없는 모습에 마음 또한 차분해진다. 국화의 색상보다 짙은 황금색 들녘이 한참을 달려도 끝없이 펼쳐지니 올해 농사도 어김없는 풍년임을 알려준다.

매년 이맘때면 통일전망대를 지나 일산에 이르기까지 한강과 임진강을 가로질러 비행하는 철새를 보는 재미가 제법 쏠쏠하다. 겨울 초입이면 'ㅅ'자 형태의 무리 비행을 하나 요즘은 비스듬한 '-'자 형태로 비행한다. 장거리 비행을 앞두고 새로운 식구를 맞아 그들 나름의 비행훈련을 하는 것이리라. 분단의 현실을 일깨워 주는 자유로를 따라 길게 뻗은 철조망 상단의 군데군데 '철새 도래지' '경적 금지' 표지판이 붙어 있는 지역의 하늘 위로 예닐곱 마리의 철새 무리가 비행하는 모습을 몇 차례 볼 수 있다. 앞으로 한 두 차례 더 이 길을 오가다 보면 그동안의 비행훈련으로 머나먼 남쪽 나라까지 온전한 'ㅅ'자 형태의 대열을 갖추어 힘차게 날아가는 모습을 보게 되리라. 그들이 떠난 뒤 동장군이 찾아오면 그들의 비행 모습을 비춰주며 잘 다녀오라 배웅하던 한강도 제 소임을 다한 듯 두꺼운 겨울옷을 준비할 것이다. 화단을 놀이동산 삼던 들고양이, 청설모, 다람쥐, 두더지와 부모님 곁을 지켜온 노란 국화도 동면에 들어가면 부모님 찾아뵙는 내 발걸음 또한 뜸해지리라.

첫눈과 적막감이 이곳에 찾아들면 부모님 또한 긴 겨울잠을 주무시다 내년 봄 찾아뵙는 내 발걸음 소리에 깨어나 반겨주시리라. 파주를 오가는 이 길은 매번 마음의 안식과 평화로움을 안겨준다. 내년 봄 산소 위 화단에 영산홍과 철쭉으로 꽃 울타리를 만들어야겠다.

이종극 bassen119@naver.com
2022년 『한국수필』 등단
한국수필가협회, 참좋은문학회 회원
수필집 『아파트 관리소장입니다』

혼자 가기 외롭고 두려운 길, 먼저 가본 그를 의지하며 따라가자.
가다가 돌부리에 걸려 넘어지더라도 그가 나를 일으켜 줄 것이다.
장엄한 지평선을 만나려면 얼마를 더 가야 하고, 해거름녘 노을은
어디가 볼 만한지 귀띔도 해 줄 것이다.

평범한 하루를 보내고 또 별거 아닌 하루가 온다 해도 사소한 깨달음을 얻어 가는 이 여정이 나는 좋다. 우리는 모두 시한부 인생이고, 나와 우리의 시간이 언제까지 지속될지 알 수는 없다. 다만 내의지에 따라 온전히 쓸 수 있는 오늘 하루를 더 귀히 여겨야겠다.

회원 수필 — 4 —

이지안 그래도 가야 할 길
어떤 위로

임순복 처음이자 마지막 외국 여행기
빈들판

전해숙 진즉에 닿을 수 있었던 길
되짚어 걸어 보는 길

조혜숙 누구나의 길
너의 뒤에서

그래도 가야 할 길

이지안 회원 수필 4

　사람들은 인생을 길에 비유하곤 한다. 나는 '길' 하면 로버트 프로스트의 「가지 않은 길」을 떠올린다. 시의 첫 문장에 나오는 노란 숲속 길을 나는 이해하지 못했다. 왜 시인은 노란 숲이라 표현했을까. 그때는 그저 시인의 시적 상상일 거라 여겼다. 시를 처음 배운 지 긴 시간이 지나고, 어느 가을날 은행잎이 바람에 날리는 것을 보았다. 은행나무와 그 잎들로 길이 만들어졌을 때 그제야 시인이 보았을 노란 숲길을 떠올렸다. 왜 가을날의 은행나무숲을 떠올리지 못했던 걸까. 뭐 대단한 깨달음이라도 얻은 양 스스로 기특해했던 적이 있다. 머리가 좀 더 깨고 나서야 그게 번역의 차이라는 걸 알았다.
　예전 광고에 '순간의 선택이 십 년을 좌우한다'란 카피가 있었다. 가전제품의 견고함을 의미하는 거였지만 인생의 수많은 선택이 어디 십 년만 좌우하겠는가. 물건 구매, 시간 분배, 우선순위로

해결해야 할 일부터 사람과의 약속까지 모든 것이 선택이다. 평생 반복해야 하는 이 선택에는 항상 책임이 따른다.

드라마 〈눈이 부시게〉는 알츠하이머병을 앓고 있는 주인공 김혜자와 그녀의 25세 연기를 하는 한지민이 나온다. 마음은 20대인데 몸이 70대인 김혜자의 연기가 너무 공감이 가서 웃고 울며 재미있게 보았다. 나이 들어 딱히 오라는 데도 할 일도 없는 할머니의 늙음을 조롱하며, 당장 늙는 방법을 묻는 젊은이들에게 혜자가 하는 말이 있다. 바로 '등가교환等價交換의 법칙'이다.

"이 세상은 등가교환의 법칙에 의해 돌아가. 물건의 가치만큼 돈을 지불하고 물건을 사는 것처럼 뭔가를 갖고 싶으면 그 가치만큼의 뭔가를 희생해야 된다 그거야. 내가 너희처럼 취직도 안 되고 빚은 산더미고, 답도 출구도 없는 너희 인생을 살 테니까 너네는 나처럼 편안히 주는 밥 먹고 하루 종일 자도 누가 뭐라 안 하는 내 삶을 살아. 어때?"라며 누구에게나 주어지는 옵션이 젊음이라 별 거 아닌 거 같겠지만 당연한 것들이 절대 당연하지 않음을 말한다.

뻔히 아는 말임에도 불구하고 새삼스럽게 다가왔다. 그 장면을 보는데 가슴이 아프기도 했고 부끄럽기도 했다. 마치 '너는 누구에게 한 번이라도 뜨거운 사람이었느냐'는 시구를 보았을 때의 느낌이었다. 나는 과연 그리 치열하게 살아본 적이 있었던가. 열심히는 산 것 같은데 잘 살아왔는지는 모르겠다. 망각이야말로 인간에게 주어진 축복이라고 하지만 나의 양심은 '솔직히 말해. 너 그리 열심히 안 살았거든? 내가 아는데 무슨 헛소리야'라고 질책하는 것 같다. 사실 나부터도 젊을 때는 젊음을 몰랐다. 그저 당연한 건 줄로만 생각했다. 늙음은 나와는 한참 먼 미래의 일일 줄 알았다. 인생이 불공평하다 해도 우리에게 가장 공평한 것은 역시 시간이다. 각자의 상황은 다르겠지만 같은 시간 안에 이뤄낸 성과들 역시 다르다. 세상에 거저 주어지는 건 없다. 내가 허비한 시간만큼의 대가는 어떤 식으로든 지급되기 마련이다. 그래서 내가 좀 더 현명했더라면 하는 아쉬움은 늘 있다.

아버지의 장례를 치르며 느낀 것이 있다. 세상에 나올 때는 부모의 손에 거두어지고 하직할 땐 자식의 손에 의지하게 된다는 것이다. 치매를 앓으며 요양원에서 외로움이 뭔지도 모르고 지내셨을 아버지를 생각하면 눈물이 핑 돈다.

아버지는 나에게 당신이 살아오신 이야기를 해주고 싶어 하셨다. 사무실로 한번 찾아오면 내가 살아온 얘기를 해주마고 하셨다. 무뚝뚝한 아버지가 나에게 그런 말씀을 하셨을 땐 이유가 있었을 것이다. 하지만 그때는 내가 친구들과 어울리기 바쁜 20대라 아버지의 마음이 뭔지 몰랐다. 아버지를 보내고 얼마의 시간이 지나고서야 그 생각이 떠올라 죄송스럽고 후회가 되었다. 중학교 때 아버지와 단둘이 드라마를 본 적이 있다. 드라마의 마지막 장면이 나올 때 아버지는 내게 어떤 말씀을 하셨다. 어린 나이였음에도 나는 그게 당신의 이야기임을 알았다. 아버지도 내가 알아듣는 것을 아셨겠지만 우리는 서로 더 이상의 말은 하지 않았다. 아마도 그때 나는 아버지의 눈을 보며 씩 웃었던 것 같다.

아버지의 가지 못한 길은 어떤 길이었을까. 내가 좀 더 지혜로워서 당신의 긴 이야기를 들어드리는 선택을 했었다면 아버지의 외로움이 좀 덜어지지 않았을까? 어쩌면 아버지는 당신을 이해해 줄 단 한 사람이 필요했을지도 모른다. 아버지의 시간에도 화양연화花樣年華가 있었을까. 그랬으면 좋겠다. 소풍 같은 인생길에 화양연화까진 아니더라도 행복한 기억이 많았다면 좀 덜 팍팍하지 않았을까. 가지 않은 길, 가지 못한 길, 그래도 가야 할 길이 있다면 가고 싶은 길을 가는 사람은 얼마나 될까. 대부분은 어디서 튀어나올지 모르는 변수 가득한 인생에서, 무탈한 하루를 감사하고 '그래도 가야 할 길'을 기꺼이 간다.

우연히 본 길가의 풀꽃에 감탄하고 돌아서면 잊어버리듯, 이 기억도 언젠가는 희미해질 것이다. 평범한 하루를 보내고 또 별거 아닌 하루가 온다 해도 사소한 깨달음을 얻어 가는 이 여정이 나는 좋다. 우리는 모두 시한부 인생이고, 나와 우리의 시간이 언제까지 지속될지 알 수는 없다. 다만 내 의지에 따라 온전히 쓸 수 있는 오늘 하루를 더 귀히 여겨야겠다. 비를 머금은 바람에 아쉬움이 초록처럼 흔들린다.

오늘따라 유난히 아버지가 보고 싶다.

어떤 위로

　버스에서 내려 뒤를 돌아보았다. 당연히 내 뒤에서 사람이 내릴 줄 알았는데 문이 닫히고 버스가 출발했다. 재래시장에서 양손 가득 장을 봐 올 때였다. 앞뒤로 둘러보아도 버스의 하차 벨이 너무 멀어서 짐을 들고 미리 나가 있기가 망설여졌다. 고개를 두리번거릴 때 누군가가 벨을 누르는 것이 보였다. 다행이라 생각했다. 그런데 막상 내려 보니 그분이 나의 상황을 헤아려 벨을 눌러줬던 것이다. 사소한 친절이지만 마음이 느껴졌다.

　아주 오래전 전하지 못한 인사가 떠 올랐다. 어릴 때 나는 집안일에 관심이 별로 없었다. 그래서 결혼 후 시댁에 가도 할 줄 아는 게 없어 설거지하는 게 마음이 편했다. 아버님이 돌아가시고 어머니는 아버님을 대신해 경상도의 한 지역에서 시외버스터미널을 운영하셨다. 그때부터 명절 준비는 며느리들의 몫이 되었다. 장보기, 다듬기를 하루 전부터 시작해, 다음 날부터 본격적인 음식 준비에 들어갔다. 남편은 명절이 되면 서둘러 내려가고 제일 나중에 돌아오곤 했다.

　아이들이 아직 어리고 이른 추석을 지낸 시기였다. 남편은 어머니 일을 돕고 오겠다고 아이들과 먼저 올라가라 했다. 나도 다들 올라간 빈집에 혼자 남는 게 싫어 그렇게 하기로 했다. 버스에 오르는데 뜬금없이 어머니께서 신문지를 건네주셨다. 애들과 깔고 앉아 올라가라는 거였다. 자리가 없을 거라곤 생각도 못 했고 남편이나 어머니도 전혀 미리 언질을 주지 않았던 터라 당황스러웠다. 버스 출발을 기다리는 짧은 동안 자리에 앉은 노인들이 수군거리기 시작했다. '암만 그래도 손주들을 자리도 없이 보내느냐.'는 내용이었다. 아이들 손을 잡고 서서 가는데 얼굴이 뜨끔거리고 눈물이 나올 것만 같았다. 마음을 진정시키느라 진땀이 났다.

　버스가 출발하고 얼마 뒤, 맨 뒤로 가서 뒷좌석 발 받침 자리에 표정이 굳어있는 큰아이를 앉히고 나도 바닥에 신문을 깔고 앉았다. 잠이 와 칭얼거리는 작은애를 안고 재우기 시작했을 때 내가 딱해 보였는지 옆의 안쪽 창가에 앉아 있던 남자가 일어나 자리를 양보했다. 하지만 털썩 앉을 수도 없었다. 세 시간 반을 가야 하는 장거리였다. 그것도 내 또래의 남자다 보니 주변의 시선이 신경 쓰였다. 계속 자리에서 나와 서 있는 남자를 거절하기도 민망해 아이를 안고 앉았다. 휴게소에서 잠깐 머물 동안 나는 일어나 다시 바닥에 앉았다. 미안해 더 이상 앉아 있을 수가 없었다. 내렸다 들어온 남자는 내 뜻을 알아챘는지 잠깐 멈칫하다 제자리에 앉았다. 긴 시간이 지나 서울에 도착했을 때 인사를 하고 싶었지만, 애들을 챙겨 내리고 나니 이미 그는 사라지고 없었다. 미안하고 고마운 마음을 말로라도 전하지 못한 게 아쉬웠다. 시간이 지나 내가 이미 그때 어머니의 나이를 넘어섰지만 지금 생각해 봐도 이해는 되지 않는다. 명절이어서 그랬을까?

아들들이 결혼해야 하는 시기가 되다 보니 생각이 많아진다. 어머니는 자신에게 인색하리만치 검소하면서도 자식들이 결혼할 때 집을 마련해 주셨다. 살아보니 그게 결코 쉬운 일이 아님을 이제는 안다. 또 그게 발판이 되어 크게 집 걱정은 안 하고 살았으니, 그것만으로도 충분히 감사한 일이었음을 깨닫는다.

어머니는 중환자실에서 나를 보며 "네가 제일 고생 많았다."라고는 하셨지만, 쌓인 게 너무 많았던지라 그 말조차 믿지 않았다. 젊은 시절 남편이 직장을 잃었을 때도 어머니는 도와주지 않았다. 나는 모진 말들을 쏟아내는 어머니께 아무리 어려워도 도움을 청하긴 싫었다. 어쩌면 그래서 더 지독하게 살았는지도 모르겠다.

돌이켜보면 병원에서 그 말이 어머니의 의식이 명료할 때 하신 마지막 말씀이었다. 내가 당신의 삶을 다 알 순 없지만, 아마도 며느리에 대한 미안함과 위로의 표현이 아니었을까. 당신의 부모에게 제대로 대접받지 못했던 아버님의 한풀이(?)를 온몸으로 받아내야 했던 어머니였다. 당연히 자식들도 힘들었을 것이다. 나도 너무 버거웠다. 그래서 굳이 알려고 하지 않았고, 헤아리고 싶지도 않았다. 하지만 그분의 고생스러웠던 삶이나 살아온 방식을 이제는 조금이나마 이해하려 노력해 본다. 그래도 어머니는 자식들을 끝까지 지켜내지 않았던가.

긴 세월이 지났고 '인제는 돌아와 거울 앞에 선' 누이를 바라보는 심정으로 '나'를 마주한다. 며느리로서 내가 바란 건 뒤늦은 인정보다 나에 대한 존중尊重이었다. 그러나 그 말이 약간의 위로가 되긴 했다. 시간이 지나면 나의 힘들었던 삶도 언젠가는 인정받게 되는 순간이 있나 보다.

독일 영화 〈타인의 삶〉에선 주인공이 자기의 평생 쌓아온 업적을 다 잃을 수 있음에도, 자기가 감청해야 하는 대상을 남몰래 지켜낸다. 감청의 대상이었던 사람은 오랜 시간이 지난 후 누군가가 자신을 지켜주었음을 깨닫는다. 그 누군가를 찾는 과정에서 그는 주인공의 삶을 이해하고 자기만의 방법대로 정성을 들인 감사를 표현한다. 직접 대면한 적은 없어도 서로의 삶을 온전히 알아본다.

때론 대가를 바라지 않은 배려가 타인의 가슴 가득 꽃으로 피어나는 순간도 있다. 감사와 존중이 사람에게 얼마나 큰 위로가 되는지 알게 해주는 멋진 영화다.

이지안 skymaam@hanmail.net
2017년 『한국수필』 등단
한국수필가협회, 참좋은문학회 회원

처음이자 마지막 외국 여행기

2019년 가을에 남편과 여행했던 날을 회상해 본다. 남편의 치매 상태가 지금보다는 덜 했지만, 그때도 병세가 심한 상태였다. 우리 3남매의 권유로 남편 고향 동창들과 어려운 여행을 다녀왔다. 〈러시아 하바롭스크와 블라디보스토크〉 3박 4일 동안 아기 같은 남편과 여러모로 고난을 겪으며 다녀왔지만, 5년이라는 시간이 흐른 지금 생각하면 그래도 그때가 내 생애 즐겁고 행복했던 여행이라는 생각이 든다. 여행 일행은 부부 동반이었다. 여러 해 동안 1년에 두 번씩 부부 동반으로 만났던 분들이라 어색하지는 않았다.

날씨가 좋아서 비행기 창밖의 풍경들이 보이자, 남편은 좋아하며 보라고 한다. 그런데 남편이 어느 순간 왜 비행기가 가지 않고 가만히 있느냐고 물었다. 난 순간 가슴이 멍해지며 긴장하기 시작했다. 예상은 했지만, 그때부터 모든 신경이 남편에게 쏠리게 되었다.

　러시아 하바롭스크공항에 도착해서 가이드의 안내로 저녁 식사를 했는데, 입에 맞지 않았다. 숙소에 도착했다. 침대 넓이도 1인용처럼 좁고, 통로도 가방 겨우 놓을 정도였다. 땅은 넓은 나라지만, 추운 나라이다 보니 연료 문제도 있고 해서 모든 것이 불편했다. 무사히 밤이 지나 아침 식사를 하게 되었다. 호텔 2층에서 식사를 하는데 중요한 것만 들어 있는 작은 가방을 남편 어깨에 메어주었다. 내가 잠시 남편이 멘 가방에 신경을 쓰지 않아 사고가 생겼다. 식사 중 가방을 내려놓았는데, 그 가방을 식당에 놓고 숙소로 짐을 가지러 왔던 것이다. 그 가방에는 여권과 카드 등 중요한 것이 들어있었다. 만약 분실되면 그곳에서 며칠 동안 있어야 한다고 했다. 미칠 것 같은 마음으로 식당에 갔더니 식사했던 자리에 가방이 없었다. 순간 쓰러질 것 같은 현기증을 느끼며, 프런트에 가서 물었더니 다행히도 그곳에서 보관하고 있었다. 직원에게 100루블을 감사의 표시로 주고 이제부터는 정신을 온통 남편에게 집중해야겠다고 생각했다.

　그렇게 하바롭스크의 여러 유적지를 다니며 느낀 것은 성당이 많다는 것과 유명한 강이 많다는 것 외에는 깊이 신경 쓸 수 없었다. 혹시라도 우리 부부로 인해 친구들이 불편하게 될까 봐 긴장하며 구경했다. 남편이 '여기는 왜 외국 사람이 많냐?'고 물었다. 그리고 지루하면 집에 가자며, 여기서는 무슨 버스를 타고 가느냐고 묻는다. 아, 내가 욕심을 부렸구나, 오지 않았어야 했는데, 후회가 되었다. 그러나 어차피 외국에까지 왔으니 최선을 다해 보자고 무너지는 마음을 가다듬고 안정을 찾게 되었다.

관광버스를 탈 때마다 카드를 어디에 찍느냐고 물으며 카드를 꺼낸다. 남편이 아파서 그런 줄 알면서도 그럴 때마다 안타깝고 가슴이 답답했다. 관광지에 가면 선물을 사야 하는 코스가 꼭 있다. 우리 부부 여행을 축하해 주며, 가족과 친구들이 여행비에 쓰라고 용돈을 준 것에 보답하기 위해 보드카 몇 병을 샀다. 그리고 남편이 모자를 좋아해서 사 주고 싶었다. 밍크 모자를 보며 갖고 싶어 해서 17만 원 달라는 것을 친구들이 14만 원에 구입해 주었다. 모자를 쓰고 아기처럼 좋아하니까 돈이 아깝지 않았다.

블라디보스토크로 향하는 밤 기차를 타기로 했는데 12시간이 걸린다고 했다. 침대칸인데 두 쌍씩 한 칸에 자게 되어 있었다. 우리 부부는 청주에서 온 부부와 함께하게 되었다. 부인들끼리 식당

칸으로 가서 보드카 한 잔씩 하자고 해서 남편은 친구에게 부탁하고 따라나섰다. 술을 못 하지만 부인들끼리 수다도 떨며 한 잔씩 하는데 나는 남편이 신경 쓰여 살며시 빠져 남편에게로 왔다. 일행들이 모처럼 모였으니까 여자들끼리 자면서 살아가는 이야기도 하자며 따로 자게 되었고, 대부분 연상이어서 정담을 나누며 남편 흉도 보며, 세상 이야기하는데 마음이 여유롭고 행복한 밤이었다.

그리고 3일째 되는 날 내 생에 다시는 밟아보지 못할 블라디보스토크역에 내려 옛 소련 기차 앞에서 사진도 찍었다. 가이드가 이곳에는 이북 사람이 많으니 말을 걸어오면 외면하라고 당부했다.

이곳은 하바롭스크와 달리 바다가 자주 보였다. 그래서 배를 잠깐 타면 이북이라고 했다. 일행은 언덕 위로 올라갔으나 남편이 장애가 있는 발이 아프다고 해서 우리 부부는 바닷가의 갈대숲에서 사진 몇 컷 찍는 것으로 아쉬움을 달래며, 해 질 녘 석양이 아름다운 해변을 거닐었다. 너무나 아름다운 노을을 바라보며, 저 노을처럼 나 자신도 아름다운 석양을 맞이하고 싶다고 생각했다.

그렇게 여행 마지막 날을 맞이해 짐을 꾸리는데 "몇 번 버스 타고 가는 거야? 70번 타고 가면 돼?" 하고 남편이 묻는다. "여기는 우리나라가 아니고 옛 소련입니다. 여기가 우리 조상들이 살던 발

해였고, 우리나라가 청나라에 귀속되어 살던 때 독립운동했던 분들이 450명이나 총살당했던 곳이랍니다. 우리 조상들이 피를 흘리며 서러움을 당했던 땅이랍니다."라고 설명해 주었다.

    내가 여행 와서 무엇을 구경하고 무엇을 마음에 담았는지 모르게 여행이 끝마무리가 되었다. 남편이 건강했을 때는 사는 것이 바쁘다 보니 외국 여행이라는 단어는 사치였다. 여행은 생각도 못 했던 것이 아쉬움을 남기게 되었다. 그러나 큰 사고 없이 다녀왔고 이렇게라도 남편과의 아쉽고도 아름다운 추억을 간직하게 되었으니, 그것만으로도 충분히 행복한 여행이었다고 생각한다.

빈 들판

저물어가는 황혼의 노을은 눈부시게 아름다운데, 왜 인생의 노을은 초라할까. 아마도 하나님께서는 나이가 들어도 젊을 때처럼 아름다우면 인간이 삶의 욕심을 놓지 않을까 봐 이렇게 만드신 게 아닐까 하는 생각이 든다. 세상과 이별할 나이가 되어도 떠나지 않으려고 할까 봐 모든 육신을 병들게 하여 세상에 미련을 버리도록 만드셨을까.

75세 황혼 길에 서 있다 보니 '삶의 뜻은 과연 무엇이었을까?' 하는 생각이 든다. 나는 언제나 건강하다고 어리석은 착각 속에 살아온 것 같다. 그런데 최근 2~3년 사이에 면역력이 떨어지며 에너지가 고갈 되어간다는 것을 날마다 느낀다. 몸이 여기저기 병들어가니 의욕이 상실된다. 생각지도 않았던 눈 수술을 하게 되고, 무릎도 아프다. 신장이 약하다 보니 몸이 잘 붓고, 사소한 스트레스에도 힘들다. 이렇게 변화되어 가는 길이 인간의 마지막 노화로 가는 길인가?

　요즘 고민이 크다. 8월 5일에 눈 수술을 하기로 예약했다. 그런데 남편이 요즘 들어 인지도가 너무나 저하 되어간다. 옷이나 이불에 실수를 자주 해도 내가 끝까지 보호하려 했다. 그러나 내 건강 상태도 예상치 않은 병으로 이젠 남편과 정말 생이별을 해야 할 때가 왔다. 남편의 손을 놓고 싶지 않지만, 사정상 어쩔 수 없이 6월에 요양원에 입소하기로 예약했었다. 그런데 입소할 날이 2개월 정도 늦어진다고 하니 내가 눈 수술을 하게 되면 남편을 보살필 수가 없는 게 걱정된다. 이렇게 무슨 일 하나도 계획대로 되지 않으니, 스트레스가 심해져 몸이 점점 피폐해지는 느낌이다. 모든 일은 자연의 순리대로 된다지만 수술을 앞둔 상태에서는 여유를 부릴 수 없다. 삶은 고난의 연속이 없으면 안 되는가.

　남편과 인연을 맺고, 55년이라는 내 삶의 대부분을 함께한 사람과 생이별 해야 한다. 내가 다른 사람의 삶의 고뇌를 모르듯이 어느 누가 현재의 내 심정을 알겠는가. 어차피 우리 부부의 삶은 살아온 세월에 비교하면 10%도 남지 않았다. 55년의 삶의 고된 여정도 인내하며 여기까지 왔다. 그런데 이제 와서 남은 짧은 시간을 꼭 헤어져야 하는지 참으로 답답하고 안타깝다. 오늘 새벽 3시경에도 옷과 이불에 실수했다. 여러모로 힘은 들지만, 남편이 밉지 않은 것은 아마도 긴 세월 속에 쌓인 정 때문이 아닐까. 남편은 고지식하고, 유난히도 깔끔하고 정리 정돈을 잘하는 사람이었다. 2015년 치매라는 병을 얻게 되면서부터 씻지 않으려 하고, 자신의 것에 집착하며, 식사량이 항상 적었던 사람이 먹을 욕심으로 가득해졌다. 자녀들과 아내인 나마저 잊어버리고 나를 '어머니'라 부른다. 남편의 상황이 이러하니 내가 정상으로 살아간다면 이상할 것이다. 이렇게 나이 들어가며 정신과 육체가 변해 가는 것이 삶의 마지막 무대라면 젊어서 왜 그렇게 기를 쓰고 살아야 했는지 후회막심이다.

사람이 노화되어서 걸리는 병 중에 제일 나쁜 병은 치매라는 생각이 든다. 하루에도 몇 번씩 변화되는 엉뚱한 행동을 할 때는 두렵기까지 하다. 이제 남은 10년 정도의 세월 동안 남편을 보호하며 사별이나 이별 후 후회하지 않기 위해 나 나름대로 최선을 다하려고 한다. 사람이 늙은 뒤 어떤 병으로 인해 받는 고통은 자신에게도 아픔이지만, 가족을 얼마나 많은 시간 동안 괴롭게 하고 이별하느냐에는 아픔의 차이가 있는 것 같다. 젊은 시절에 피나는 노력으로 힘들게 살았더라도, 늙어 힘없을 때는 몸도 마음도 편하게 살아간다면 그보다 더 큰 축복이 어디 있을까 싶다. 긴 시간 동안 남편의 병 때문에 모든 것을 포기하고 살았는데, 이 나이에도 나 자신을 돌아볼 수 있는 시간이 오지 않음이 야속하다.

큰맘 먹어도 마음이 수백 번 바뀌는 과정에서 나라도 정신을 차려야 내 주위 자식들이나 형제들이 괴롭지 않을 것이다. 나까지 노화로 인해 몸이 여기저기 고장이 나고 있으니 삶 중에서 제일 두려운 것이 건강을 잃는 거라는 걸 실감한다. 사람으로서 삶에 보탬도 못 주면서 살아가야 하는 늙어가는 마음이 그저 쓸쓸한 늦가을의 타작이 끝난 빈 들판처럼 허망하다. 나 또한 이승에 와서 잘못 저질러 놓은 것은 모두 정리하고 가벼운 마음으로 나 자신과 이별하고 싶다. 노년의 길은 참으로 피폐하고 서글프다.

임순복 lsb7752@naver.com
2024년 『한국수필』 등단
한국수필가협회, 참좋은문학회, 편지마을 회원
한국방송대학교 '통문' 수필 부문 장려상, 편지마을 편지쓰기 대회 우수상 수상

진즉에 닿을 수 있었던 길

하얀 솜털 뭉치 같은 둘리와 앞서거니 뒤서거니 달리는 내가 어느새 기억 속 그림 속으로 뛰어든다. 마을 입구로 나가 한참을 돌아가야 하는 그 길에 의지를 앞세우니 한달음에 달려올 수 있었다.

얼마 만에 발걸음인지 기억조차 흐리다. 그 녀석 기억이 떠오르는 순간 무슨 짓을 할지 몰라 겁이 나서 꺼렸던 것일까. 언제부턴가 출입금지 가로막이 놓여 있어 그를 핑계 삼았던 걸까. 가끔 지날 때면 절로 눈길이 향해 차를 멈추던 곳인데….

낮게 내려앉은 물결 위에 겨울의 짙은 녹색 숲이 누워 쉬는 곳, 헨리 데이빗 소로의 '월든 호수'를 떠올리게 하는 곳이다.

녀석과 쫓고 쫓기며 숨이 차도록 놀아주던 곳이다. 꽤 긴 세월이 흘렀음에도 이곳은 변함이 없다. 산 쪽으로 고개 들면 지나가는 바람이 그렸을 법한 감청색의 계곡들이 산맥처럼 줄지어 있다.

투박한 터치가 뚝뚝 묻어나는 것이 금방이라도 바윗돌이 굴러 내릴 것만 같다.

오래전, 사무실에 출근하게 되면서 늘 옆에 데리고 있던 강아지를 부모님 댁에 맡겼다. 주중엔 근무하고, 주말이면 내려와 이곳 저수지 둑에 데리고 와 놀아줬다. 마을에서 이곳에 오려면 저수지 둑에 막혀 마을 입구로 나갔다가 우회로 한 바퀴 돌아와야만 한다. 그 길을 오가며 녀석과 나는 한 주간의 밀린 그리움을 주고받으며 맘껏 회포를 풀었다.

그러던 2008년 12월 1일 아침, 평생 잊히지 않을 날이다. '둘리가 어제 나가서 아직 들어오지 않는다'며 엄마가 전화하셨다. 음성은 떨렸고 내가 화를 낼까 걱정하는 마음까지도 목소리를 타고 흘러왔다. 간혹 늦은 시간에라도 들어온 적은 있었지만, 외박을 한 적은 없었다. 전화를 끊자마자 짐을 싸서 내려왔다.

그날부터 외롭고 긴 여정이 시작되었다. 가족이 흩어져 동네 빈집을 뒤져보고 근처 산과 아랫마을까지 샅샅이 찾아다녔다. 50만 원이라는 사례금 때문인지 시도 때도 없이 전화가 왔다. 새벽에 걸려 온 제보에 자다 말고 쫓아가 바닥에 주저앉은 적이 한두 번이 아니다.

일상은 뒤죽박죽, 이산가족을 찾는 것처럼 재회의 날은 가늠조차 힘들었다. 사람이 위기에 처하면 없는 능력도 발휘된다고 했던가. 그런 상황이 지속되어도 힘들거나 피곤한 줄 몰랐다. 주변에선 걱정인데 나는 잘도 버텼다.

찾는 범위가 점점 넓어지고 거리를 헤매고 다니는 시간도 길어졌다. 정신을 한 곳에만 쏟고 다니다 보니 교통사고도 당할 뻔했다. 경기도 모 군청 청소과에서는 전단지를 제거하지 않으면 형사 입건과 함께 벌금을 물리겠다는 위협적인 전화도 해왔다. 그래도 겁나지 않았다. 몇 달을 그러고 다니던 중 결국 쓰러져 둘리에게는 미안하지만 포기하고 말았다. 누워있는 시간이 더욱 괴로웠다. 어디선가 불안에 떨며, 밥도 먹지 않고 나만 찾을 것 같았다. 둘리의 울부짖음이 밤낮으로 귀를 울렸다. 낯선 사람들에게 둘러싸여 하악질을 하는 모습이 눈앞에 아른거렸다. 피가 마르는 시간이 계속되었지만, 결국 시간이 약이었다.

몇 년간은 혼자 다니는 나를 보고 "강아지는?" "둘리는 어쩌고?" 하며 물어오면 그곳이 어디든 부끄러운 줄 모르고 통곡했다. 식구들도 내 앞에서 둘리 얘기는 절대 금기였다.

이곳에 내려오는 날이면 절로 고개가 댐 위로 향했다. 녀석과의 추억이 많은 곳, 그곳에서 함께했던 시간은 한 주간 쌓였던 모든 피로와 걱정 근심을 내려놓는 치료의 시간이었다. 아이처럼 손꼽으며 주말을 기다렸고, 버스를 타고서라도 달려왔던 곳이다. 그랬던 그곳을 15년이 지나서야 찾다니, 그동안 왜 오지 못했던 것일까? 마음을 먹으니 한달음밖에 되지 않는 것을….

긴 시간이 흘러 녀석과의 추억이 희미해지고 바래질 때쯤, 녀석에 대한 얘기를 덤덤히 말할 수 있었다. 그 녀석에 대한 글도 처음 쓰고 있다. 몇 줄이라도 써보려고 노트북을 펼칠 때마다 감정이 뒤엉키며 눈물부터 쏟아졌다. 진즉에 마음을 다잡고 토해냈더라면 일찌감치 마음도 편해졌고, 이곳에도 더 빨리 찾아올 수 있지 않았을까.

지금까지 그 길을 막고 있던 건 스스로 마음속에서 '가지 못하는 길'로 만들었기 때문은 아니었을까. 그 길을 열고 걸어 나올 수 있었던 것은 내가 그곳을 '닿을 수 있는 길'로 바꿨기 때문일 것이다. 진작에 닿을 수 있는 길로 만들어 한 걸음 내디며 보지 못한 것이 못내 아쉽고 미안하다.

1년여의 세월이 지나고 감정의 소용돌이에서 벗어날 때쯤 전철을 타고 가다가 녀석의 소식을 들었다. 식구들은 진즉에 알고 있었고, 내겐 숨기고 있다가 통화 중 엄마가 무심결에 내뱉으신 것이다.

마을 입구에 있는 폐가를 헐어내고 정리하는데 마루 밑에 있었다고 한다. 두 팔을 앞으로 가지런히 뻗고 엎드려있는, 영혼은 빠져나가고 형체도 없는 염색된 털만 한 줌으로 남은 녀석이 발견되었다고.

그 말을 듣고는 무작정 다음 전철역에 내렸는데, 전동차의 경적이 애타게 나를 찾는 둘리의 울부짖음으로 들렸다. 나의 눈물도 그 소리에 묻혀 사라졌다. 지나가는 사람들의 발걸음도 시선도 아랑곳하지 않았다.

'애먼 곳만 찾아다녔네, 제대로 찾아주지 못해 미안해.'

이 글을 쓰는 지금 밀려오는 그리움에 또 울컥하지만, 있는 힘껏 참아낸다. 이번에 또 글을 마무리하지 못하면 둘리와 놀던 댐이 있는 그 길로 영원히 닿지 못할 것이기 때문이다.

되짚어 걸어 보는 길

바람에 등 떠밀린 계절이 어느새 울안에 와 있다. 아직 겨울의 끝자락이라고 생각했는데 땅속의 봄기운이 초록을 밀어 올리고 있다. 우연히 눈길이 간 더덕밭에는 씨앗이 떨어져 싹 틔운 새순이 즐비하다. 새로 자란 순은 모종으로 옮겨 심고 묵은둥이들은 캐 보기로 한다. 조심조심 뿌리 주변의 흙을 긁어낸다. 오래 묵어서인지 꽤 깊다. '심봤다!'를 외치며 산삼을 캐는 심마니들의 마음을 조금은 알 수 있을 것 같다. 환호성이 튀어나온다. 어른 팔뚝만 한 뿌리가 불쑥 얼굴을 내민 것이다. 오래 묵은 때문인지, 노쇠하기 시작한 때문인지 머리 부분이 무르기 시작했다. 오래 묵은 더덕 속에는 맑은 물이 차는데, 그 물은 산삼보다 효과가 더 좋다고 한다. 여린 새순들의 향이 진하게 풍기는 것이 놀랍다. 다른 데 정신 팔려 무심한 동안 더덕밭에서는 어린 순이 자라 청년으로, 장년으로, 노년까지 끊임없이 대를 잇고 있었나 보다. 문득 '저들 중 나는 어느 뿌리에 해당할까.' 더덕 한 무더기를 들고 마당을 가로지르며 내 삶을 더듬어 걸어 본다.

　나의 유년은 풍족하진 못했지만, 의좋은 사 남매 집이란 소문에 걸맞게 웃음 속에서 행복했다. 천성이 긍정적이고 유머가 넘치는 부모님은 자식들에 대한 사랑이 지극했지만, 그 사랑이 간혹 외아들에 치우쳐 딸들의 원망(?)을 사곤 했다.
　초등학교 시절엔 학업에도 열중이었고, 학교 배구선수로도 활동했다. 키는 크지 않았지만, 머리 쓰는 꾀쟁이 센터로 알려져 서울시 대표로 뽑혀 요즘의 '전국 소년체전'인 '전국 스포츠 소년대회'에도 참가했다. 그 당시의 꿈은 오로지 국가대표가 되는 것이었다. 어린 나이에 눈 비비며 샛별을 보고 나갔다가 그 별이 잠든 후에야 돌아오곤 했다. 시린 손을 입에 물고 뛰어야 하는 혹한기에도, 소금을 한 숟가락씩 물고 뛰어야 하는 쨍쨍한 여름에도 힘든 줄 몰랐다.
　선배들은 특기생으로 배구 명문 중, 고등학교를 거쳐 자신이 원하는 실업팀이나 국가대표가 되었다. 우리에게도 당연히 보장된 길이었다. 하지만 우리 기수는 선배들이 걷던 그 길을 따라갈 수 없었다. 선배들에게는 열렸던 그 길이 우리 앞에서 닫혀버린 것이다. 어른들의 이기심이 충돌해 진학을 앞두고 늘 교장실이 시끄러웠다. 어린 꿈나무들은 출발하기도 전에 저 멀리 달아나는 조각난 꿈을 지켜봐야만 했다. 세상에 태어나 처음으로 맛본 실패였고 좌절이었다. 결국, 입고 있던 단체복을 벗어던지고 뿔뿔이 흩어져 서로 다른 길로 가야 했다.

어디서나 당당하고 자신감 넘쳤던 나는 반면 내성적이고 조용한 성격이었다. 운동선수였던 관계로 학교에서나 동네에서나 존재감 넘치는 맏딸이며 언니, 누나로 가족의 자랑이었다. 그랬던 내가 가뭄에 말라가는 나무처럼 시들시들 지내던 어느 날, 정신이 퍼뜩 돌아왔다. '나는 운동으로 성공할 팔자가 아닌가 보다. 포기하고 공부에 전념하자.'라며 마음을 다잡았다.

맞벌이로 바쁘셨던 부모님을 도와 동생들을 돌보며 중학교, 고등학교를 무난히 마쳤다. 여상女商이었지만 입시반 공부를 하던 중, 부모님과 진학을 의논하던 내게 "난 너 대학 못 보낸다. 아들 하나 대학 보내기도 힘들다"라는 아버지의 단호한 말씀에 벼락을 맞은 것처럼 정신이 아득했다. 마음속에 뿌리내렸던 교수가 되고 싶었던 두 번째 꿈도 산산조각이 나는 순간이었다. 눈물을 삼키지도 못하며 아버지께 따졌지만, 나의 항변은 울림 없는 메아리에 그쳤다. 그 한마디를 내뱉은 후 아버지는 입이 붙어버린 두꺼비처럼 눈만 껌벅이셨다. 그때부터 철이 들 때까지 아버지를 미워했다.

그간 살아온 시간을 두 손에 담아보지만, 손가락 사이로 흘러내린 모래처럼 남은 것이 없다. 화단의 수많은 꽃도 제 생을 다하면 하나둘씩 잎을 떨군다. 그래야만 열매를 달고 씨앗을 맺어 마지막까지 제 할 일을 다 할 수 있기 때문이다. 하나둘 잎이 지기 시작하는 나이에 접어든 요즘, 나는 그 어느 때보다도 자신의 삶에 최선을 다하고 있다. 가끔 '한 살이라도 덜 먹었을 때 무엇인가 더 해봐야 하지 않을까?' 하는 욕심이 고개 들곤 한다. 그런 욕망을 지그시 누르면서 지금까지 놓치지 않고 꽉 부여잡고 있는 것 한 가지에 만족하기로 했다. 바로 '글쓰기'다. 불과 몇 년 사이에 부모님과 여동생을 하늘나라로 보내야만 했던 가장 힘든 시기에 글쓰기를 시작했고, 그 암흑 같았던 시간을 잘 버티고 이겨내게 해 준 것도 글쓰기다. 아무리 생각해 봐도 내 인생에 내가 제대로 선택한 최고의 길이 아닌가 한다.

지나온 길을 되짚어 걷다 보니 어리석었고 부끄러운 일이 많다. '그때 잘 할걸, 최선을 좀 더 해 볼걸. 조금만 더 열심히 할걸' 하는 후회가 밀물처럼 덮쳐오는데 다 부질없는 일이다. 앞으로 남은 길, 후회하지 않고 욕심 없이 베풀며 살자는 생각이다. 어린 시절

꿈이었던 국가대표의 길은 걷지 못했지만, 그 시절에 익혔던 성실함과 배려심과 인내심이 있으니까….
저 멀리 내게 남은 길이 아득하지만, 선명하게 보인다.

전해숙 helen2159@daum.net
2016년『한국수필』등단
한국수필가협회, 한국수필작가회, 광진문인협회, 참좋은문학회, 편지마을 회원, 현재 참좋은문학회 회장, 수필미학작가회 이사, 선수필 편집위원
수필집『견 작가 우 작가』

누구나의 길

조혜숙

　사무실에 들어와서 외투에 내려앉은 빗물을 털어내는 그녀의 손끝이 거칠다. 물기 하나 남겨두고 싶지 않다는 듯 연신 옷 이곳저곳을 훑어댄다.
　"자기들 지하철 타겠다고 왜 다른 사람한테 피해를 주는 거야? 하필 바쁜 출, 퇴근 시간에." 누군가가 맞장구를 쳐주길 바라는 것인지, 지각을 한 것이 민망해서인지 그녀의 목소리가 한껏 높아져 있었고 그 투덜거림으로 아침 인사를 대신한다.
　그녀의 불평에 심기가 불편해진 나는 앉은자리에서 목을 쭉 빼고 눈을 겨우 맞추고 "안녕하세요."를 읊조리듯 내뱉으며 어제의 나를 떠올린다.

　아이와 단둘이 처음으로 대중교통을 이용해서 한 시간이 넘게 걸리는 병원에 다녀와야 했다. 직장 때문에 동행할 수 없는 남편에게 괜히 서운한 마음이 들었고 무엇보다 십수 년째 지갑 속에서 잠만 자는 장롱면허 소유자인 내가 가장 원망스러웠다.

아이의 왼쪽 발에 문제가 있으니 대형 병원의 정밀검사를 받아보라는 이야기를 들은 후 가슴 한쪽이 꽉 막힌 듯 답답한 날들의 연속이었는데, 당장 내일 아침 나 혼자 아이를 데리고 병원에 갈 생각을 하니 눈앞마저 깜깜해졌다.

전날 저녁부터 챙겨두었던 여벌 옷, 기저귀, 물티슈, 분유, 물 등을 몇 번이고 꺼내 다시 확인해도 불안한 마음이 쉽사리 가라앉지 않았지만, 출근하는 남편에게 호기롭게 웃어 보이며 잘 다녀올 테니 걱정하지 말라고 큰소리를 쳤다.

남편도 떠나고 이젠 정말 아이와 나도 길을 나서야 했다. 유아차 아래쪽에 짐을 싣고 아이를 앉힌 후 마지막으로 안전띠가 잘 고정되었는지 확인 후 호흡을 가다듬었다. 흡사 전쟁의 지휘를 맡아 전장에 서는 장군이 된 듯 비장한 각오로 손잡이를 두 손으로 꽉 잡고 첫걸음을 내디뎠다. 집 앞을 유유히 빠져나와 차도와 인도가 만나는 길로 들어서자마자 유아차가 덜컹거리며 좌우로 마구 흔들렸다. 깜짝 놀란 나는 우선 아이가 괜찮은지 살핀 후 길을 살폈다. 보도블록 여기저기가 깨져 들쑥날쑥하였고, 길 이곳저곳은 경사가 심해 평평한 곳을 찾는 것이 힘들 것 같았다. 도보로 십분 남짓 후, 지하철역에 도착하니 온몸은 땀에 푹 젖어 있었다. 간신히 전철에 안착한 나는 행여 아이가 큰소리로 떼를 쓰거나 울까 봐 마음을 졸이며 아이를 달래고 간식을 입에 넣어주었다. 한시라도 빨리, 무사히 병원에 도착하기만을 바랐다.

하지만 나의 소망은 무참히 무너졌다. 7호선에서 내려 2호선으로 갈아타야 하는 나와 아이 앞에 큰 시련이 닥치고 말았다. 우리가 환승에 이용할 수 있는 엘리베이터가 공사 중이었다. 갑자기 머릿속이 하얘져 그 자리에 멍하니 서 있는데 한 역무원이 다가와 구원의 손길을 내밀었다. 자신이 유아차를 들어줄 테니 나에게 아이를 안고 계단을 오르자는 것이었다. 미안한 마음으로 안에 실려 있던 짐을 꺼내 들고 아이를 안고 계단을 올라 지하철역 밖으로 나갔다.

나를 앞서 계단을 다 오른 역무원이 유아차를 내려놓고는 머쓱한 미소를 지으며 목적지까지 무사히 가시라며 인사를 건넸다. 다시 지상으로 올라온 나는 곱절의 시간을 보냈듯, 기운이 빠져 잠시 길 위에 멍하니 서 있다 교차로의 건널목을 건너 2호선 역사로 향했다. 엘리베이터를 타기 위해, 지하철을 타기 위해 줄을 서 있다 새치기를 당하기 일쑤였다. 하지만 소심한 나는 싫은 소리 한마디 하지 못했고 울퉁불퉁한 길 위를 걷다 흔들리는 유아차에 놀라 아이가 괜찮은지 살피고 식은땀 흘리기를 몇 번이나 반복했다. 힘들게 도착한 병원에서 아이의 발은 문제가 없을 것이고 성장해 나가면서 정상 모양으로 돌아갈 것이라는 결과를 들었다. 그리고 다시 집에 돌아갈 생각을 하니 한숨부터 나왔지만, 마음만은 한결 가벼워졌다.

집에 돌아와 아이를 씻기고 뒷정리를 하고 나니 몸도 마음도 다 녹아내려 좀처럼 움직이지 못했다. 퇴근 후 돌아온 남편은 아이가 괜찮다는 소식에 반색하고 나서야 나를 살피고는 오늘 하루 고생 많았다며 대자로 뻗어 있는 내 다리를 주물렀다.

그런 남편에게 오늘 내가 건대역에서 환승을 위해 밖으로 나와 건널목을 건너면서 얼마나 황당했는지, 여러 사람에게 새치기를 당하며 얼마나 화가 났는지 말했다. 울퉁불퉁한 길 때문에 유아차가 흔들려 얼마나 불편하고 아이에게 미안해 마음 졸였는지 끝도 없이 하소연을 쏟아냈다. 다시는 아이와 단둘이 대중교통을 이용해 먼 거리를 가고 싶지 않다며 고단함과 서러움이 뒤범벅된 눈물을 흘리기까지 했다.

처음이었고 단 하루였다. 그런데 그날 겪었던 불편함과 억울함은 수년이 지난 지금도 쉽사리 잊히지 않는다. 아마 내가 그날 아이와 단둘이 대중교통을 이용해서 한 시간 남짓의 거리를 이동해 보지 않았다면 지금도 모르고 있을 것이다. 오늘 내가 별다른 불편 없이 걷고 있는 이 길에 얼마나 큰 위험과 많은 불편함이 이곳저곳에 도사리고 있는지. 누군가는 매일 그 길 위에서 좌절하고 절망하며 고통의 시간을 보내고 있을 것이다. 그리고 시시때때로 생명의 위협을 느끼기도 할 것이다. 하지만 종종 내 일이 아닐 때 그 일은 아무 일이 아니게 되어 쓸모없는 가치로 치부된다.

사무실에 들어와서 외투에 내려앉은 빗물을 거칠게 털어내는 그녀에게 어제의 내가 말한다. "그러게 말이에요. 왜 다들 바쁜 출, 퇴근 시간에 그러는 건지 정말 너무 이기적인 것 같아요. 하마터면 저도 지각할 뻔했어요."

개구리 올챙이 시절을 잊은 어제의 내게 미래의 내가 말한다. '지금 네가 걷고 있는 그 길은 너만의 길이 아니라고, 단 한 사람도 소외됨 없이 누구라도 불편함 없이 걸을 수 있어야 한다'고.

너의 뒤에서

학교에서 돌아온 아이가 집 안에 들어서자마자 기쁜 소식이라도 전하려는 듯 책가방을 열어젖혀 책자를 꺼내 들고는 환하게 웃어 보인다. 다음 주부터 시작되는 방과 후 교실 수업 안내 책자였다. 나와 머리를 맞대고 방과 후 교실 수업 일정을 짜던 아이가 갑자기 일어나 거실 한쪽 구석에 숨더니 연신 이름을 불러봐도 대답 없이 돌아오지 않는다. 무슨 일인가 싶어 쫓아가 보니 어깨를 들썩이며 소리 없이 울고 있다.

깜짝 놀란 내가 왜 그러냐고 묻자 "엄마는 왜 내가 하고 싶은 건 못 하게 하고 엄마가 좋아하는 거만 시켜요?"라며 서럽게 눈물을 쏟아낸다. 아차 싶은 마음에 엄마 생각만 하고 네 생각 들어주지 않아서 미안하다고 사과부터 건넸다. 그제야 자리로 돌아온 아이의 눈망울에는 물기가 가득했다.

약간의 걱정이 뒤섞인 설렘과 기대로 초등학교 입학을 기다리던 아이는 학교에서의 하루하루가 재미있고 신난다며 학교 갈 시간만 기다린다. 아침 일찍부터 스스로 일어나 자신의 덩치보다 큰 책가방을 메고 등교를 서두른다. 불안한 마음에 교문을 들어서는 아이의 뒤꽁무니를 쫓는 내 마음은 아랑곳없다는 듯 씩씩하게 발을 내디디고 교실로 향한다. 아이는 걱정이 무색할 만큼 내 손길이 닿지 않은 곳에서도 잘 먹고 잘 놀고 잘 지내고 있는 듯하다.

입학 후 며칠이 지나지 않아 하교한 아이의 가방 속에 방과 후 교실 수업 일정표가 들어있었다. 학원에 따로 보내지 않고 학교 수업이 끝난 후 바로 교내에서 운동, 미술, 과학 등 여러 가지 수업을 저렴한 가격에 들을 수 있어 좋았다. 고사리손으로 책자를 살피는 아이의 눈이 반짝였다. 학교 끝난 후 다른 일정도 있으니 꼭 하고 싶은 것만 골라보라고 하자 연필을 쥐고 쉴 새 없이 동그라미를 그려댔다. 제법 신중하고 진지하게 고르고 고른 수업은 일곱 개였다.

영어나 독서 등의 수업을 쏙쏙 피해 나간 동그라미는 이것저것 주무르고 만들기에 집중되어 있었다. 욕심껏 다 할 수 없으니 세 개 정도만 하자고 합의를 보고 어떤 과목을 선택할지 협상에 들어갔다. 아이와 나의 동상이몽 속에 자꾸 내 의견을 들이밀자 입을 삐죽거리던 아이가 자리를 박차고 일어나 거실 한쪽 구석에서 울고 서 있던 것이었다.

평소 아이에게 사람마다 좋아하는 것, 잘하는 것이 다르니 남들 따라 할 필요 없고 못 하는 것에 속상해할 것 없이 자신이 하고 싶은 걸 하면 된다고 이야기해 왔는데 내 생각을 아이에게 강요한 것이다. 원하는 수업을 신청하기로 약속하고 서럽게 우는 아이를 겨우 달랬다.

아이를 낳고 기르면서 다짐한 것 중 하나가 아이에게 내 뜻을 강요하지 않고 아이 스스로 좋아하는 일을 찾고 선택하는 힘을 기르도록 돕고 뒤에서 지켜보자는 것이었는데 그 다짐은 시시때때로 무너졌다. 자꾸 옆을 보고 다른 집 아이는 어떤가, 무엇을 하는지 신경이 쓰였다.

아이의 삶 속에 엄마가 주인인 양 감 놔라, 배 놔라 하고 내가 정한 길과 방향으로 아이의 손을 잡아끌고 등 떠밀고 있다.

아이가 태어나면서 한시도 떨어지지 않고 붙어서 하루를, 한 달을, 수년을 함께 했다. 아이는 나 없이 먹을 수도, 잠을 잘 수도 씻을 수도 없었다. 아이의 모든 순간에 내 손길이 필요했고 그렇게 내 삶과 아이의 삶은 뒤엉키고 뭉쳐져 한 덩어리가 된 것 같았다. 그러다 보니 내가 아이의 주인인 듯한 착각에 빠지기도 했다. 그랬던 아이가 자라면서 이것저것에 제 뜻을 피력하고 무엇이든 혼자 해보려고 할 때마다 언제 이렇게 컸나 기특한 마음이 들기도 했지만, 한편으로 아이에게 점점 더 내 손길이 덜 가게 되는 것에 서운한 마음이 들기도 했다. 아직 먼 미래이긴 하지만 아이가 내 품을 떠날 때를 대비해 온전히 나를 위한 삶을 준비해야겠다는 생각이 들었다.

그렇게 나는 뒤로 미뤄두고 잠시 잊고 살았던 글쓰기 공부를 다시 시작하고, 보고 싶은 책들을 밤새워 읽고 또 읽었다. 그러고 나니 육아 스트레스로 고달팠던 하루는 눈에 띄게 가벼워졌고 아이와도 훨씬 더 즐겁게 지낼 수 있었다. 하지만 여전히 나는 아이가 가려는 길에 불쑥불쑥 침입해 이것저것 참견하기에 바쁘기도 하다.

걸음마를 시작한 아이는 내가 이끄는 길을 마다하고 자신이 원하는 방향으로 거침없이 발걸음을 내디딘다. 그럼 나는 아이에게 위해가 되는 상황은 없는지 살피고 넘어지지 않도록 도우며 한 발짝만큼 물러나 뒤를 지킨다. 설사 넘어져 다치더라도 다시 일어설 수 있도록 손을 내밀어 도와주고 상처를 치료해주면, 그것으로 충분할 것이다. 그리고 혼자 걸을 수 있도록 다시 지켜보고 응원을 보낸다.

  오늘처럼 내 욕심에 아이를 울린 날, 잊지 말고 떠올려 보려 한다. 아이가 처음으로 내 손을 놓고 혼자 뚜벅뚜벅 걸어 앞으로 나아가던 그 뒷모습을, 불안하고 위태롭지만 얼마나 경이롭고 아름다웠는지를, 아이는 무엇이든 혼자서 잘 해낼 수 있는 존재라는 것을.

조혜숙 kong4977@nate.com
2021년 『한국수필』 등단
한국수필가협회, 참좋은문학회 회원
중랑문학 신인상 최우수상

개구리 올챙이 시절을 잊은 어제의 내게 미래의 내가 말한다. '지금 네가 걷고 있는 그 길은 너만의 길이 아니라고, 단 한 사람도 소외됨 없이 누구라도 불편함 없이 걸을 수 있어야 한다'고.

지나온 길을 되짚어 걷다 보니 어리석었고 부끄러운 일이 많다. '그때 잘 할걸, 최선을 좀 더 해 볼걸. 조금만 더 열심히 할걸' 하는 후회가 밀물처럼 덮쳐오는데 다 부질없는 일이다. 앞으로 남은 길, 후회하지 않고 욕심 없이 베풀며 살자는 생각이다.

가는 빗줄기가 내리기 시작하면서 모든 것이 안개 속으로 젖어 들기 시작하였다. 앞 철로가 있던 길도 천천히 사라져 가고, 임청각의 누각도 안개 속으로 잠겨갔다. 그러나 그 길은 그 자리에 있으면서 다시 갈 방향을 잡아줄 것이다.

다시, 길을 걷다

참좋은문학회 제4집

발행일 2024년 10월 10일 초판 1쇄

지은이 참좋은문학회
펴낸이 정연순
편집위원 전해숙 이지안 박효숙
펴낸곳 나무향
주소 서울 광진구 자양로 28길 34, 드림스페이스 501호
전화 02-458-2815, 010-2337-2815
팩스 02-457-2815
출판등록 제2017-000052호
메일 namuhyang2815@daum.net

값 12,000원

바코드 979-11-89052-84-3 03810

- 잘못 인쇄된 책은 바꾸어 드립니다.
- 이 책은 저작권법에 따라 보호를 받는 저작물이므로 무단 전재와 복제를 금합니다.